DAS SCHEUNENVIERTEL

Wolfgang Feyerabend · Thomas Raschke · Veit Stiller

DAS SCHEUNENVIERTEL
und die Spandauer Vorstadt

© 2016 L&H Verlag Berlin
Bernauer Straße 8a, 10115 Berlin
Telefon +49. 30. 34709515, Fax +49. 30. 34709516
www.lh-verlag.com

Das Werk ist urheberrechtlich geschützt.
Jegliche – auch auszugsweise – Verwertung, Vervielfältigung, Speicherung
in DV-Anlagen, Wiedergabe auf elektronischen, fotomechanischen,
fotografischen oder anderen Wegen über Internet, TV, Funk oder als Vortrag
nur mit ausdrücklicher Genehmigung des Verlags.

Autoren Wolfgang Feyerabend, Thomas Raschke, Veit Stiller
Lektorat Ralph Petermann, L&H Verlag
Herstellung Mareike Hutsky, L&H Verlag
Satz typegerecht berlin
Druck und Bindung Westermann Druck Zwickau GmbH

Bibliografische Information der Deutschen Bibliothek
Die Deutsche Bibliothek verzeichnet diese Publikation in der
Deutschen Nationalbibliografie. Detaillierte bibliografische
Daten sind im Internet über http://dnb.ddb.de abrufbar.

ISBN 978-3-939629-38-2

Erste Auflage 2016

INHALT

Wolfgang Feyerabend
VORWORT 7

Thomas Raschke
KLEINER ARCHITEKTURFÜHRER
DURCH DIE SPANDAUER VORSTADT 13

Wolfgang Feyerabend
DICHTER, KÜNSTLER UND GELEHRTE 51

Wolfgang Feyerabend
ORTE JÜDISCHER GESCHICHTE,
WISSENSCHAFT UND KULTUR 71

Wolfgang Feyerabend
KLEINE CHRONIK DES SCHEUNENVIERTELS 93

Thomas Raschke
DAS VOLKSKAFFEEHAUS IN DER
NEUEN SCHÖNHAUSER STRASSE 109

Veit Stiller
DAS MENSCHLICHE HOCHHALTEN –
ST. HEDWIG-KRANKENHAUS 121

Veit Stiller
DIE SPANDAUER VORSTADT – WEGE ZUM LEBEN
ODER: STAUNEN, SAMMELN UND GENIESSEN 135

Bibliografie 191
Bildnachweis 194
Register 196

VORWORT
Wolfgang Feyerabend

Als einziges historisches Stadtquartier Berlins, das weitgehend geschlossen erhalten geblieben ist und mit Bauwerken aus über drei Jahrhunderten aufwarten kann, stellt die Spandauer Vorstadt mitsamt dem Scheunenviertel in architekturgeschichtlicher Hinsicht einen Glücksfall dar. Auf wenigen Quadratkilometern zusammengedrängt, lassen sich hier im Stadtbezirk Mitte Zeugnisse vom Barock bis zur baulichen Moderne entdecken. Und das sowohl am Beispiel einstiger Repräsentativ- und Gemeindebauten als auch anhand zahlreicher Wohn- und Handwerkerhäuser mit ihren Hofanlagen. Kein anderer Bereich sonst in der heutigen Bundeshauptstadt gestattet noch diesen Blick auf die »Alltagsarchitektur« vergangener Epochen.

Scheunenviertel? Spandauer Vorstadt? – Die Bezeichnungen werden heute oft synonym benutzt und tragen gleichermaßen zur Verwirrung wie zur Legendenbildung bei. Die Spandauer Vorstadt entstand Ende des 17. Jahrhunderts vor dem Spandauer Tor und hat von diesem ihren Namen. Das historische Scheunenviertel hingegen wurde 1672 vor dem Georgentor angelegt. Es war einst Speicher- und Scheunenareal, später Wohnquartier. Noch vor dem Ersten Weltkrieg erfolgte der Komplettabriss. Seit einem Jahrhundert existiert es nicht mehr. An dessen Stelle entstand der Bülowplatz (heute Rosa-Luxemburg-Platz). Doch bald schon gab der Volksmund auch jenem Teil der Spandauer Vorstadt den Namen Scheunenviertel, der unmittelbar an den

Blick über die Spandauer Vorstadt

Bülowplatz grenzte. Hier, rund um Hirtenstraße, Grenadier- und Dragonerstraße (heute Almstadt- und Max-Beer-Straße), fanden im Zuge des Ersten Weltkriegs viele ostjüdische Flüchtlinge Unterkunft. Wenn Autoren der 1920er Jahre, wie Alfred Döblin und Joseph Roth, in Reportagen das Quartier beschreiben, dann meinen sie diese Gegend, die am Rande des historischen Scheunenviertel lag.

Nach Maueröffnung und damit einhergehender Wiederentdeckung der östlichen Stadtgebiete gewöhnten sich Journalisten an, die (offenbar griffigere) Bezeichnung auf die gesamte Spandauer Vorstadt zu übertragen. Inzwischen »wuchert« das Scheunenviertel weiter. Verschiedentlich werden bereits Bereiche der nördlich gelegenen Rosenthaler Vorstadt hinzugezählt. Wo indes alles verwechselbar wird, verwischen sich die Umrisse der Geschichte.

Der heute oft benutzte Beiname »Jüdisches Viertel« bedarf in diesem Zusammenhang ebenfalls der Erläuterung. Er assoziiert die Vorstellung vom Ghetto, wo die jüdische Bevölkerung separiert wohnte oder wohnen musste, was jedoch weder für die Spandauer Vorstadt noch für das Scheunenviertel (auch das, was in den zwanziger Jahren darunter verstanden wurde) zutraf. Stattdessen lebten Christen und Juden mit- und nebeneinander, wobei letztere, bezogen auf das gesamte Gebiet, die Minderheit bildeten.

Richtig ist, dass die Gegend rund um die Neue Synagoge in der Oranienburger Straße bis in die 1930er Jahre Standort vieler bedeutender Jüdischer Gemeinde- und Wohlfahrtseinrichtungen war. Hinzukamen jüdische Buchhandlungen und Verlage, das orthodoxe Rabbinerseminar, die Hochschule für die Wissenschaft des Judentums und das Jüdische Museum. Bedeutende Unternehmen wie das Warenhaus Wertheim (Rosenthaler Straße, Ecke Sophienstraße), aber auch die zahlreichen kleinen Geschäfte und Handwerksbetriebe trugen zur Vielfalt jüdischen Lebens im Viertel bei. Insofern ist der Publizistin Elisa Klapheck zuzustimmen, wenn sie in Bezug auf die Oranienburger Straße und deren Umfeld vom einstigen »Jerusalem der deutschen Juden« spricht.

Allerdings – und das macht die Besonderheit des Quartiers aus – hatten sich auch zahlreiche christliche Einrichtungen das Viertel als Standort erwählt, so die evangelische Sophienkirche und das katholische St. Hedwig-Krankenhaus, das Domkandidatenstift und die Englische Kirche, das Hospiz und die Kirche St. Johannes-Evangelist sowie die katholische St. Adalbert-Kirche. Eine Nachbarschaft, die nicht frei von Spannungen und Konflikten war, aber doch lange Zeit Bestand hatte. Toleranzstraße wurde denn verschiedentlich die Große Hamburger Straße genannt. In eben dieser Straße richtete das NS-Regime in den 1940er Jahren eine der berüchtigten Sammelstellen für die Deportation der Berliner Juden ein.

Mit der Rückübertragung der Gemeindegrundstücke und ihrer Nutzung ist seit den 1990er Jahren jüdisches Leben ins Viertel zurückgekehrt. 1993 entstand hier Deutschlands erstes Jüdisches Gymnasium nach dem Zweiten Weltkrieg. 1995 konnte nach siebenjähriger Rekonstruktion, wenngleich nur als bauliches Fragment, die Neue Synagoge wiedereingeweiht werden. Der Zentralrat der Juden in Deutschland zog hierher, und auch der Bundesverband Jüdischer Studierender in Deutschland e.V. (BJSD) hat im Viertel seinen Sitz. Nach der Vertreibung und Ermordung der Juden durch die Nazis sind das hoffnungsvolle Anfänge, in denen sich nicht zuletzt auch Vertrauen in unsere heutige Gesellschaft ausspricht. Anfänge, die freilich nicht vergleichbar sind mit der Blütezeit jüdischen Lebens in den zwanziger Jahren, als in Berlin 140.000 Juden lebten. Heute sind es rund 11.000 Menschen.

Zu den viel strapazierten Klischees über die Spandauer Vorstadt gehört das Wort von der »Arme-Leute-Gegend«. Zu den Ersten, die das Gebiet vor dem Spandauer Tor besiedelten, zähl-

Umwelt- und Weihnachtsmarkt in der Sophienstraße

ten Angehörige des Hofstaates von Kurfürstin Sophie Charlotte. Und die längste Zeit seines Bestehens war das Viertel ein durchaus gutbürgerliches Wohnquartier. Dass es hier auch Einrichtungen der Armenpflege (Armenfriedhof und Armenhospital) gab, widerlegt das Gesagte nicht, sondern macht lediglich deutlich, wie weit sich heute – auch topographisch – Armut und Reichtum auseinander entwickelt haben.

In der Spandauer Vorstadt wohnten Persönlichkeiten wie der Musikdirektor Carl Friedrich Zelter oder der Naturwissenschaftler Alexander von Humboldt. Treffpunkt des gesellschaftlichen Lebens war, gegenüber dem Schloss Monbijou gelegen, die *Ressource zur Unterhaltung* in der Oranienburger Straße 18, eine Art Klub- und Kulturhaus des Bürgertums. Selbst im späten 19. Jahrhundert, als bereits die Abwanderung der Begüterten in Richtung Westen begonnen hatte, hielt sich hier noch eine Schicht des jüdischen Mittelstandes.

Soviel Geschichtsträchtigkeit kann ein Viertel auch erdrücken. Doch die Spandauer Vorstadt ist alles andere als Freilichtmuseum, sondern ein lebendiger Stadtteil, den nach der Wende von 1989 zunächst Künstler und die alternative Szene aus dem Tiefschlaf weckten. Aufgelassene Häuser wurden besetzt, leere Fabriketagen bezogen. Mit der aufwendigen Sanierung der Gebäude und den damit verbundenen, oft drastischen Mieterhöhungen zog die Szene notgedrungen seit Mitte der 1990er Jahre allmählich in andere Stadtteile. Nur wenige der frühen Projekte, wie das Haus Schwarzenberg in der Rosenthaler Straße 39 oder das KULE (Kunst und Leben) in der Auguststraße 10, blieben bestehen.

Zwar besitzt die Spandauer Vorstadt auch gegenwärtig noch als Künstlerviertel eine nicht zu unterschätzende Bedeutung, insbesondere dort, wo nach der Restaurierung der Häuser erschwingliche Mieten für Atelierwohnungen gewährt wurden. Vor allem aber hat sich das Quartier seit Jahren als Galerienstandort für die junge Kunst – und das mit internationaler Ausstrahlung – etabliert. Freie Theatergruppen gesellten sich hinzu und verwandelten ungenutzte Gebäude in Spielräume. Junge Modedesigner schlugen ihre Zelte auf. Und selbstverständlich tragen die zahllosen Bars und Clubs, Cafés, Restaurants und Kneipen dazu bei, dass sich die Gegend zwischen Torstraße, Spree und Hochbahnstrecke sowie Karl-Liebknecht- und nördlicher Friedrichstraße im schnelllebigen Berlin weiterhin als eine nicht wegzudenkende Adresse für Flaneure und Nachtschwärmer behauptet.

Die Veränderung der sozialen Struktur im Viertel gehört zu den beklagenswerten Entwicklungen. Weniger zahlungskräftige Altmieter zogen weg, mussten wegziehen. »Was man daraus machen könnte!«, war noch Mitte der 1990er Jahre angesichts reihenweise maroder Häuser des Viertels ein vielfach von Berlin-Besuchern geäußerter Satz. Inzwischen ist »gemacht« worden. Als Orientierungshilfe durch das, was war und daraus geworden ist, versteht sich das vorliegende Buch.

KLEINER ARCHITEKTURFÜHRER DURCH DIE SPANDAUER VORSTADT

Thomas Raschke

Das Viertel hat in seiner 300-jährigen Geschichte nie so viel Aufmerksamkeit gefunden wie in den letzten beiden Jahrzehnten – und das liegt zum guten Teil an der vorangegangenen Vernachlässigung. Als die neue Reichshauptstadt sich ab 1871 zur Metropole umformte, widersetzten sich seine engen Straßen dem neuen, größeren Maßstab, auch lag es im Schatten der Stadtbahn. Ähnlich verhielt es sich bei der Gestaltung der »sozialistischen Hauptstadt« ab den 1950er Jahren, der mit der Fischerinsel und der Königstadt andere, durchaus noch vorhandene barocke Stadtviertel zum Opfer fielen. So konnte das Viertel ab 1990 entdeckt werden, als sei es Berlins Altstadt, die uns etwas von der Lebenswirklichkeit vorindustrieller Zeit erfahren lässt. Noch 1990 wurde die Spandauer Vorstadt als Flächendenkmal ausgewiesen, sie wurde das erste Sanierungsgebiet im Ostteil der Stadt, welches dem Senat bis 2001 über 200 Millionen Mark an Fördermitteln wert war.

Entstehung, Straßen, Stadträume
Im 17. Jahrhundert genügte die bis dahin noch fast in ihren mittelalterlichen Grenzen befangene Doppelstadt Berlin-Cölln nicht mehr. Neustädte wurden gegründet, nach Westen hin, ausgehend vom Schloss: ab 1668 die Dorotheenstadt mit der

Typische Fassade aus dem 19. Jahrhundert: Auguststr. 50A

Hauptachse Unter den Linden, ab 1688 die Friedrichstadt mit der Friedrichstraße. Beide entstanden über einem rechtwinkligen Straßenraster. Wenn in Reiseberichten bis ins 19. Jahrhundert von Berlin als einer großzügig angelegten Residenz gesprochen wird, ist immer dieser Teil gemeint. Die Gründungen waren, wenn auch nur für kurze Zeit, rechtlich selbstständige Städte – das mag schon den Unterschied zu den Stadterweiterungen nach Osten und Norden hin charakterisieren, dort entwickelten sich »Vorstädte«, die der Berliner Magistrat verwaltete. Das Fehlen einer übergreifenden Planung prägt das Straßennetz bis heute. Freilich wurden auch hier Straßen und Baufluchten abgesteckt (1716), doch mussten diese sich vorhandenen Tatsachen anpassen. Völlig unbebaut war der Raum vor der Stadt nicht, es gab Wege und Grundstücksgrenzen. Bezogen war natürlich alles auf die Tore, welche in die Stadt führten. Also in unserem Bereich vor allem das Spandauer Tor (S-Bahnhof Hackescher Markt), daher der Name Spandauer Vorstadt. Östlich davon befand sich das Königstor (S-Bahnhof Alexanderplatz), es wurde für diesen Vorstadtbereich namensgebend: Königstadt. Nach Westen hin, spreeabwärts, wurde die Weidendammer Brücke über den Fluss geschlagen und schuf eine Verbindung zur Dorotheenstadt.

Eine Stadtansicht von 1716 gibt die Verhältnisse wieder (Proportionen und Beziehungen der einzelnen Stadtviertel sind darstellungsbedingt verzerrt). Wir sehen bereits eine ganze Anzahl Häuschen links der Spree. Einige größere darunter, genau über den Zugholmen der Weidendammer Brücke befindet sich die 1713 fertiggestellte Sophienkirche, damals noch ohne Turm. Rechts davon ist ein größeres Gebäude mit Architrav und hohen Fenstern erkennbar: das Schloss Monbijou. Eosander von Göthe errichtete es ab 1703. Später um Flügelbauten und Kolonnaden erweitert, von einem Park umgeben, diente es lange als Sommerresidenz von Königinwitwen und ungeliebten Gemahlinnen, 1877 wurde hier das Hohenzollernmuseum eingerichtet. Die ge-

Ausschnitt einer Stadtansicht von Anna Maria Werner, 1716

wiss überaus reizvolle Anlage, warum sie nicht in die Nähe von Sanssouci in Potsdam stellen (?), wurde nach Kriegsschäden 1959 abgerissen. Der Monbijoupark mit einigen alten Bäumen und das Chamisso-Denkmal, welches vor dem Eingang zum Schlosspark stand, erinnern noch ein wenig. – Zurück zur Ansicht von 1716. Rechts, über Schloss Monbijou, beginnt die eigentliche Stadt Berlin. Sie war im 17. Jahrhundert mit Bastionen befestigt worden, die im Bild gezeigt werden, und deren Zackenlinie die Straßenverläufe um den Hackeschen Markt bis heute prägt. Jenseits der Vorstadt steigt das Terrain an, das Türmchen, welches die Horizontlinie überragt, ist etwa am Weinberg zu denken, hier schiebt sich die Hochfläche des Barnim weit in die Flussebene vor. Was die Stadtansicht nicht mehr zeigt, sind die Ansiedlungen vor dem Königstor. – Diese Vorstädte wurden ab 1705 zunächst mit einem Palisadenzaun gesichert, die neue Stadtgrenze in der Folge weiter ausgebaut. Der Name Palisadenstraße in Friedrichshain erinnert daran, in unserem Stadtgebiet wird die »Linie« von der Linienstraße gebildet. Hier war lange die Stadtgrenze, die Linienstraße lag innerhalb, die – heutige – Torstraße außerhalb. Die neue Befestigung wurde laufend ausgebaut, besonders als nach 1730 eine Verbrauchssteuer, die »Akzise«, eingeführt wurde, welche an den Toren auf einkommende Waren erhoben wurde (daher der Name »Akzisemauer« für die erst 1840 niedergelegte Stadtbegrenzung).

Der Stadtplan von 1737 zeigt die meisten der heute noch bestehenden Straßen (manche noch mit anderen Namen). Es handelt sich, wie bereits gesagt, um ein Straßennetz, welches auf bereits Vorhandenes Rücksicht nehmen musste, dabei ordnend eingreifen wollte (was übrigens nicht immer gelang). Das ist für die Gestalt der Spandauer Vorstadt konstitutionell. Bis dahin, dass hier kaum zwei Straßen die gleiche Breite besitzen. Die Hauptachsen werden natürlich von den alten Landwegen gebildet. Da ist die breite Oranienburger Straße, der alte Weg von Berlin nach Spandau. Wunderbar, wie ein alter Landweg, die niemals schnurgerade laufen, schwingt die Rosenthaler Straße im leichten Bogen. Der Plan zeigt auch, warum wir bis heute eine Alte und eine Neue Schönhauser Straße haben, denn die Neue kennt er noch nicht. Der Raum vor den Bastionen war noch nicht bebaut. An der Alten Schönhauser zeigt sich auch ein »Planwechsel«. Ab hier beginnen die relativ schmalen, radial zur Stadt hin laufenden Karrees, die die Königstadt prägen. Die Lange Scheunengasse, heute etwa die Rosa-Luxemburg-Straße, führte zu dem noch ganz ungeordneten Scheunenfeld. Die Große Hamburger Straße gehörte wohl ursprünglich zu dem Vorwerk, aus dem Schloss Monbijou entstand. Sie sollte dann wahrscheinlich beim Ausbau der Vorstadt zu einer weiteren Achse werden, was nicht ganz gelang, führte sie doch dem Namen und der Richtung nach zum Hamburger Tor, nur liegen Große und Kleine Hamburger Straße nicht auf einer Linie, was gewiss einmal beabsichtigt

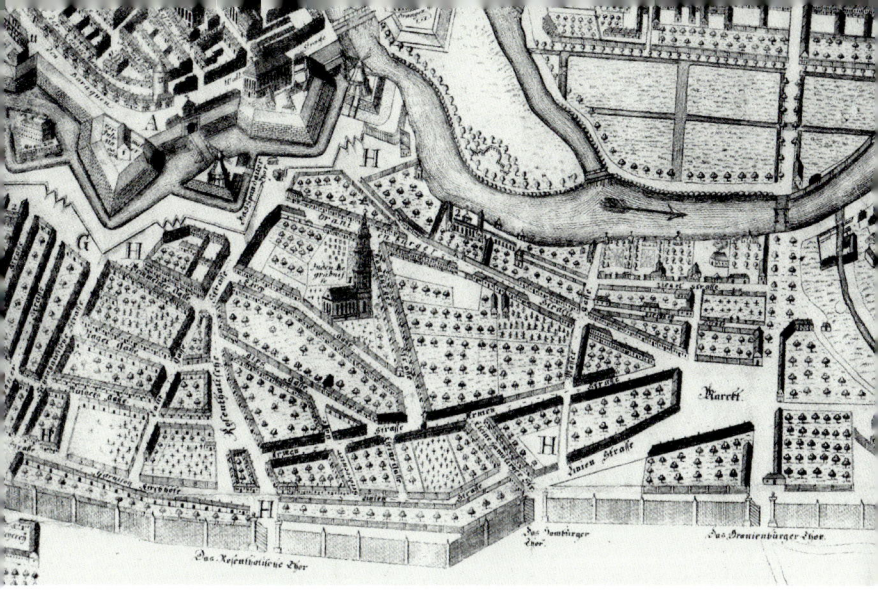

Ausschnitt des Berlin-Plans von Johann Friedrich Walther, 1737

war. Schnurgerade läuft die Auguststraße, also geplant. Ihr alter Name Armengasse leitet sich vom Armenhaus und Armenfriedhof her, die Christian Koppe 1705 hier gestiftet hatte (heute Koppenplatz). Sophienstraße und Gipsstraße scheinen wiederum auf alten Landwegen zu beruhen und die schmalen Quergassen wie Joachimstraße und Kleine Auguststraße dienten der Erschließung und schufen Platz für kleinste Häuser und Grundstücke. Das riesige Gebiet zwischen Oranienburger und Auguststraße, Großer Hamburger und Tucholskystraße bildete einmal das größte Straßengeviert Berlins, bis 1857 hier die Krausnickstraße durchgelegt wurde. (Diese Straße ist denn auch wie »aus einem Guss«, die noch weitgehend vorhandene Erstbebauung bezieht sich auf die Dimensionen der Straße.) Der Plan gibt auch die Größe der einzelnen Häuser wieder, sie sind oft zweigeschossig, in einigen Straßen verfügen sie über gar kein Stockwerk. (Auch dies machte wohl einen Unterschied zum landesherrlich geförderten und beaufsichtigten Ausbau von Dorotheen- und Friedrichstadt: solche kleinen Katen wurden dort nicht geduldet.) In die Karrees hat der Zeichner Bäumchen gesetzt, hier war Gartenland. Bis ins 19. Jahrhundert hinein müssen wir uns eine landwirtschaftliche Nutzung denken. Noch im 20. Jahrhundert sind Kuhställe in der Hirtenstraße belegt, ebenso lange waren Pferde unverzichtbar. – Auf einigen Flächen erscheinen Grabkreuze bzw. -steine, die Friedhöfe gehören zur »Frühgeschichte« des Viertels.

Der Plan gibt auch einen Eindruck davon, was alles schon vor der Industrialisierung und vor den Zerstörungen des Krieges verschwand. Von außen gesehen die Akzisemauer mit den Toren (sie wurden im 18. Jahrhundert aufwendiger ausgebaut, als der frühe Plan es zeigt), von innen, nach Alt-Berlin, dessen Stadtbefestigung. Die Bastionen der Festungsanlage werden in der Wirklichkeit nicht so gewaltig erschienen sein wie auf dem Bild. Aber Alt-Berlin war von einem dritten Spreearm umflossen, der erst nach 1880 zugeschüttet wurde, um hier die Hochbahn durchzuführen. Am S-Bahnhof Hackescher Markt erinnert der schöne Straßenname »Am Zwirngraben« noch daran. Dircksenstraße und Rochstraße gab es noch nicht.

Von den Häusern des 18. Jahrhundert existieren nicht mehr viele, was aber blieb sind eben das Straßennetz und oft die Grundstücksabmessungen (in der Alten Schönhauser stehen noch zwei viergeschossige Häuser, die nicht mehr als drei Fensterachsen breit sind). Aus diesem Zusammentreffen verschiedener »Zeitebenen« erwuchsen überaus lebendige Straßenräume. Wir wollen versuchen einige, ohne schon auf die einzelnen Baudenkmale einzugehen, zu beschreiben.

Zunächst der »Hot Spot« des Viertels, die Rosenthaler Straße zwischen Hackeschem Markt und Neuer Schönhauser Straße. Hier stehen wir, schauen in Richtung S-Bahn, da liegt wie eine Raupe (und auch ganz entsprechend gemustert) der Bahnhof, Häuser türmen sich dahinter, davor schiebt sich ein großer

Wohnpalast, am einen Ende schwingt, eng, die Oranienburger Straße davon; auf der anderen Seite schauen wir in die Neue Schönhauser, durch deren Knick entsteht ein geschlossener Raum. Es gibt Ecken, abgerundete Häuser und richtige Rundungen; man kann von hier auch in eine ruhige Gasse fliehen (Sophienstraße). Und dann sind hier einige Höfe öffentlich, die Hackeschen Höfe natürlich, daneben, ganz anders, das »Haus Schwarzenberg«, wieder anders (und etwas zweischneidig) die »Rosenhöfe«. Dichter und intensiver geht es in Berlin nicht.

Gehen wir von hier die Gormannstraße hinauf, gelangen wir in eine andere Welt. Steinstraße, Mulackstraße waren Gassen, mit kleinen Häusern auf engen Grundstücken. Wir stehen auf der Kreuzung Gormann-/Mulackstraße und meinen, in einer Kleinstadt zu sein. Der Blick umfängt diese enge, trauliche Welt, alles wirkt brav und geordnet (obwohl der Ruf der »Mulackritze« einmal ein ganz anderer war), der Kleinbürgermaßstab des 18./19. Jahrhunderts hat heute ein paar exklusive Townhouses angezogen, die recht gut hineinpassen.

Wir wollen hier ehrlich sein und nicht so tun, als liefere das Viertel überall die schönsten historischen Bilder, in Wahrheit ist sicher weit über die Hälfte »weg«, und das Alte muss in seinen Sinnzusammenhängen oft erst gesucht werden. Zwischen August- und Linienstraße wurde nach dem Krieg auf einer freigebombten Fläche ein Sportplatz angelegt. Ein noch intaktes Haus in der Auguststraße blieb dabei stehen, von der Kleinen Hamburger Straße blieben zwei Stummelchen. Niemand vermag so etwas zu entwerfen, es ist eigentlich eine Notlösung. Aber Sportplätze müssen sein und über das Funktionale hinaus eröffnen sich hier interessante Perspektiven, der Blick geht auf große und kleinere, sich staffelnde Brandmauern und Türme. Die historische Stadt ist hier beschädigt, aber noch erkennbar – und in gewissem Sinne bereichert. (Nicht alle Brach- oder Grünflächen besitzen eine solche Raumqualität, der Raum zwischen Alter Schönhauser und

Sportplatz Kleine Hamburger Straße

Max-Beer-Straße ist einfach nur öde, das »Gipsdreieck« dagegen bildet eine schöne Grünfläche.)

An einigen Orten, vornehmlich an den Rändern, ist der Metropolen-Maßstab in die Vorstadt eingebrochen. Entlang der Spree, von der Friedrichstraße her haben Institute der Charité das Terrain erobert und dann gibt es noch den Postkomplex. Seine Geschichte reicht weit zurück, schon 1713 stand in der Oranienburger Straße, wo heute sich das Postfuhramt befindet, das Postillonhaus. Das gesamte Straßengeviert schräg gegenüber wird von (ehemaligen) Postgebäuden eingenommen, dem wilhelminisch-kolossalen Haupttelegraphenamt (1910–16), dem Fernsprechamt an der Tucholskystraße (1926/27) und dem Eckhaus für das Institut für Post- und Fernmeldewesen (1960), welches das Logenhaus (von 1789/91) mit nutzte. Ein solcher Bürokomplex ist zwar für die Spandauer Vorstadt untypisch, in seiner architektonischen Vielfalt aber höchst interessant: Wie binden sich die Bauten aneinander, wie setzen sie sich in Beziehung mit der Umgebung, hinüber zur Museumsinsel? Die gesamte Anlage einschließlich der benachbarten Frauenklinik wird derzeit immobilienwirtschaftlich entwickelt.

Die Versuchung ist groß, weitere charakteristische Stadträume aufzusuchen, die »schönsten« sind noch gar nicht erwähnt, aber es wird wohl besser sein, wenn wir bei der Beschreibung der Denkmale gegebenenfalls einen Blick in ihre Umgebung werfen.

Das 18. Jahrhundert

Mit dem Bau der Sophienkirche 1712/13 wurde unser Gebiet ein eigenes Stadtviertel. Mit der Pfarrkirche erhielt es seine Mitte, obwohl, ganz stimmt das nicht und gehört wieder zu den Eigenarten unseres Viertels, denn die Kirche liegt irgendwie – und ganz wunderbar – im Schatten. Das geschäftige Zentrum blieb immer der Hackesche Markt. Beim Bau der Kirche war daran gedacht worden, von ihm eine Straße auf die Mitte der breiten Südfassade hin zu legen, es kam aber nicht dazu. So liegt die Kirche heute umgeben von den hohen Bäumen ihres Parks und alten Friedhofs ein wenig wie eine alte Dorfkirche, eingewachsen und vergessen zwischen immer größer werdenden Mietshäusern. Ihr historischer Zugang erfolgte von der Sophienstraße, über besagten Kirchhof. Der wirkungsvolle Zugang von der Großen Hamburger Straße wurde erst 1905 geschaffen. Die ursprüngliche Sophienkirche (sie ist heute verändert) wurde als sog. Quersaalkirche erbaut. Das bedeutet, dass Kanzel und Altar sich vor der Mitte der südlichen Längswand befanden, das Gestühl und die umlaufende Empore darauf ausgerichtet. Dies folgte durchaus der Zentralforderung des protestantischen Kirchenbaus, wonach der Prediger in der Mitte der Gemeinde stehen, von ihr gut zu sehen und zu hören sein sollte (er hatte hier bei voller Kirche immerhin gegen tausend Zuhörer »anzureden«). Dieser Typus der Quersaalkirche wurde im 18. Jahrhundert in Brandenburg (auch in Sachsen) bestimmend, die Sophienkirche bildet eines der ganz frühen Beispiele. Die Schlichtheit und Klarheit macht die Qualität dieses Typus aus, er ist nicht mehr als ein größeres Haus, ein Gehäuse, welches erst sakral wird durch Gemeinde und Gottesdienst. – Das einfache und wohl auch verbrauchte Innere genügte im 19. Jahrhundert nicht mehr, 1892 erfolgte die Neugestaltung, die wir heute vorfinden (aktuell hat man damit begonnen auch die Ausmalung von 1892 zu rekonstruieren). Der neobarocke Raum bewahrt einige sehenswerte ältere Ausstattungsstücke, einen Orgelprospekt von 1789, einen Taufstein von 1746 (eine originelle barocke Formschöpfung, die auf ein ähnliches Werk von Andreas Schlüter zurückgeht) und, noch von 1713, die Kanzel (wie gesagt, an verändertem Standort). Die Kirche ist eine Stiftung der Königin Sophie Luise, der Baumeister ist nicht überliefert, man kann an Philipp Gerlach denken. Für den Umbau 1892 bezeichnet eine Inschrift an der Nordostecke des Baus: Kurt Berndt Baumeister. – Die Kirche hatte zunächst – wohl aus Geldmangel – keinen Turm. Mit dem, der 1729–1735 gebaut wurde, erreichen wir die Höhen der Kunstgeschichte! Dieser Turm ist weitgehend original erhalten und kann zu den wichtigsten barocken Baudenkmalen Berlins gerechnet werden. Man sieht ihn sehr schön auf der Fahrt mit der S-Bahn. Gemeinsam mit der architektonisch ebenso bedeutenden Synagogenkuppel bezeichnet er in der Stadtsilhouette auf prachtvolle Weise die Spandauer Vorstadt. In unserer arg gebeutelten Stadt mögen viele Betrachter gar nicht glauben, er sei original – er ist es aber. Der Irrtum wird dadurch befördert, dass er so schulmäßig-richtig erscheint, wie eben Repliken es zu tun pflegen. Unter König Friedrich Wilhelm I. bestand ein Kirchturm-Bauprogramm. Man kann dies als Zeichen seines landesväterlichen Absolutismus sehen, dem die Untertanen natürlich Untertanen waren, der sie aber »mitdachte« und die ganze Stadt unter diese »Ordnungszeichen« zu setzen trachtete. Unter den etwa zehn Turmprojekten war auch der Plan, an der Petrikirche den höchsten Turm überhaupt zu schaffen, also das Straßburger Münster mit über 140 Metern zu übertreffen. Das Vorhaben scheiterte bald, am Baugrund und an der geforderten Eile, und wurde aufgegeben. Zur gleichen Zeit wurde aufgeführt, und gelang, der Sophienturm. Sein Architekt Johann Friedrich Grael leitete am Petriturm die Arbeiten, über seine Person hinaus dürfte das ganze dort versammelte Know how hier, an Sophien, zum Tragen gekommen sein. Der Turm von Sophien vertritt als kleine Schwester würdig die größere.

Ein paar Schritte von der Kirche entfernt, Große Hamburger Straße 19A, steht das älteste Haus der Spandauer Vorstadt. An der Fassade aus dem 19. Jahrhundert lässt sich dies nicht erkennen, aber die Untersuchung der Dachstuhlhölzer ergab als Fälldatum 1691. Das Haus war ursprünglich noch etwas länger und ein reiner Fachwerkbau. Natürlich wollen wir bei Betrachtung dieser alten Häuser einen Eindruck gewinnen, wie die ersten Bewohner in ihnen gelebt haben mögen. Das ist nicht ganz einfach, da heutige Vorstellungen und Begriffe dabei im Wege stehen. Eine dieser heutigen Selbstverständlichkeiten ist der Begriff der Wohnung. Statistiken des 18. Jahrhunderts zählten niemals Wohnungen, welche als abgeschlossene Bereiche oft gar nicht vorhanden waren, sie zählten »Feuerstellen« – also Kochgelegenheiten. Über dem offenen Feuer der Herdstelle hing der Kochkessel, darüber war ein Rauchfang, der in den Schornstein führte (erst Ende des 18. Jahrhunderts hörte es langsam mit diesen offenen Feuern auf). Ein geläufiger, einfacher Haustyp bestand aus einem durchgehenden Mittelflur, in diesem langen dunklen Durchgangsraum befanden sich zwei Feuerstellen, jeweils für eine Familie, die dann links bzw. rechts über Stube und Kammer verfügte. Der zentrale Ort, um den sich der »Hausstand« versammelte, befand sich also gar nicht in einer »Wohnung«. Vieles kommt hinzu, was heute anders ist; Wohnen und Arbeiten waren in der Regel nicht getrennt, zum Hausstand konnten Mägde, Knechte, Mitarbeiter

Treppenlauf in der Auguststraße 69 (Kunst-Werke Berlin)

gehören, vergessen wir nicht das Viehzeug auf dem Hof. – Wir führen dies hier an, um einen Eindruck von der Lebendigkeit jener Räumlichkeiten zu geben, die wir jetzt betrachten wollen: der Durchfahrten und Treppenhäuser. Die Auguststraße 69 beherbergt heute die »Kunst-Werke Berlin«, ist also öffentlich zugänglich. Der malerische Hof wuchs in verschiedenen Bauphasen, wir beschränken uns hier auf das Vorderhaus von 1794 und besonders auf die Durchfahrt. An deren völlig schmucklosen Wänden wurde darauf verzichtet, etwas Historisches zu suggerieren, erhalten blieb allein die Treppe. Sie genügt, uns einen Eindruck vom geschäftigen Leben in einer Diele zu vermitteln. Der Raum weitet sich hier. Eine großzügige rechteckige Treppe führt ins Obergeschoss. Den Glanzpunkt bildet der Anlauf der Treppe, die Stufen ragen gerundet in den freien Raum, die Treppenwange wickelt sich zu einer Schnecke auf. Auch Geländer und Handlauf stammen noch aus der Bauzeit. Wie viele spielende Kinder mögen in 200 Jahren auf der kleinen »Rundbank« gesessen haben, gestört und vielleicht vertrieben vom Auf und Ab vieler Bewohner? – Interessant auch: Die Fassade ist deutlich frühklassizistisch, an der Treppe leben ältere, bewährte Formen weiter. Die Treppenhäuser faszinieren auch an den anderen alten Häusern, Rosenthaler Straße 36 (von 1781), Rosenthaler Straße 37 (von 1787). Beide laufen rund um ein offenes Treppenauge. Geradezu elegant erscheint das schmiedeeiserne Geländer in Nr. 36. Die Fassaden dieser beiden Häuser sind nicht mehr original, der bei der Rekonstruktion angebrachte Stuck nur ein Kompromiss, aber schräg gegenüber, Neue Schönhauser Straße 8, haben wir noch eine schöne Fassade (und auch wieder ein sehenswertes Treppenhaus). Wunderbar lebendig ist der plastische Schmuck, Mädchenköpfe und Blumengirlanden, eine ebenso klare wie materialmäßig weiche Draperie über dem Eingang. Der Bau ist auf um 1790 datiert und wird dem Architekten Georg Christian Unger zugeschrieben, stilistisch wirkt er um einiges älter als die zuvor betrachtete Auguststraße 69. Ob die Bezeichnung nach den hübschen Bildnissen »Haus mit den sechs Mädchenköpfen« wirklich im Gebrauch war, so wie eben früher Häuser einen Namen und ein Hauszeichen trugen, kann ich nicht sagen. Zu den ansehnlichen Häusern vom Ausgang des 18. Jahrhunderts zählt auch die Gipsstraße 11. Bauherr war hier der Bildhauer Carl Ludwig Bettkober. Die Fassade ist heute stark verändert, aber das streng antikische Gesims aus mächtigen Sandsteinplatten (!) zeugt noch von den Ambitionen des Künstlers/Bauherren.

1790 erbaute Christian Friedrich Becherer die »Große Landesloge der Freimaurer« in der Oranienburger Straße 71/72. Der zunächst zweigeschossige Bau wurde 1831 aufgestockt, später folgten Erweiterungen zur Gartenseite, noch später wurde das Haus in den »Postkomplex« einbezogen, der das gesamte Karree füllt. Die Landesloge ist ein großzügiges Palais von 13 Fensterachsen Breite. Solche Gebäude haben einmal die »Linden« ge-

Neue Schönhauser Straße 8, Mädchenkopf

prägt und in der Wilhelmstraße wurde in ihnen Politik gemacht. So sah das herrschaftliche Berlin bis weit ins 19. Jahrhundert aus. Die Fassadengliederung ist zurückhaltend, was einen Grund darin haben mag, dass Werkstein in unserer Region immer importiert werden musste. Eine Steigerung erfahren die Eingänge, mit den im Wechsel rustizierten Wandpfeilern, die ein Gebälk tragen. Die beiden Bildnisköpfe stellen die Philosophen Sokrates und Seneca dar.

Friedhöfe

Vier Anlagen, die alle um 1700 entstanden, wären zu behandeln, der Alte Jüdische Friedhof wird jedoch durch Wolfgang Feyerabend dargestellt, so dass hier des nicht mehr vorhandenen Koppeschen Armenfriedhofs kurz gedacht und der Friedhof um die Sophienkirche und der Garnisonfriedhof etwas ausführlicher gewürdigt werden sollen.

Der Sophienkirchhof ist Teil eines besonderen Stadtraums: Die in sanfter Krümmung laufende Sophienstraße trifft im spitzen Winkel auf die Große Hamburger, auf ihrer nördlichen Seite wechseln in kurzen Schritten die Fassaden, nach Süden öffnet sich weit (und schön gerahmt von den beiden eleganten Pfarrhäusern) der Park, darin die Kirche ruht, nach hinten wird das Bild geschlossen von den Brandmauern der Hackeschen Höfe und des Jüdischen Gymnasiums. Als Grablege wurde der Platz nach 1853 nur noch in Ausnahmefällen genutzt, bereits im 19. Jahrhundert erfolgte die Umgestaltung zu einem Park, mit einigen schmückenden Grabmälern. In künstlerischer Hinsicht ragt das Denkmal für den Schiffbaumeister Koepjohann und seine Frau hervor, geschaffen um 1780 von Wilhelm Christian Meyer. Dargestellt ist der Engel, der die Botschaft vom seligen Sterben bringt: »Selig sind die Toten, die in dem Herrn sterben von nun an« (Offenbarung 14, 13). Seine ganze, sanft geschwungene Gestalt weist ihn als freundlichen Boten aus; in der Entwicklung der Sepulkralplastik steht das Denkmal zwischen barocker Drastik und symbolischer Verklärung, wie sie eigentlich für die Entstehungszeit typisch ist. Zum Denkmal gehört das hohe Gitter. – Nördlich der Kirche befinden sich zwei schöne Urnengrabmäler, dasjenige für den Rentmeister Johann August Buchholtz (gest. 1793) zeigt eine sich in den Schwanz beißende Schlange – ein Ewigkeitssymbol; antikisch streng gestaltet ist das Denkmal für Thomas Hotho (gest. 1780).

1705 stiftete der Raths-Verwandte Christian Koppe ein Armenhaus und einen Armenfriedhof, nach dessen Auflassung 1850 entstand hier der Koppenplatz. Dem Stifter wurde ein schönes Denkmal gesetzt (Entwurf: F. A. Stüler), dessen Inschrift, wohl als Beweis für besonderes mitmenschliches Engagement, vermerkt, dass Koppe sich selbst und seine Familie hier habe bestatten lassen. Für einen Bürgermeister war um diese Zeit noch die Beisetzung in einer Gruft in der Kirche angemessen. Zum

Armenfriedhof gibt es eine Beschreibung von Karl Gutzkow (die 1820er Jahre betreffend): Dahinter »sah man einen baum- und blütenlosen Kirchhof. Da trocknete man Wäsche, Linnen wurde gebleicht. Zur Rechten lagen Gräber. Sie waren hie und da mit dünnem verbranntem Rasen bedeckt, doch alle namenlos, ohne Kreuze, ohne den Schatten eines Baumes, den Schmuck einer Blume«. Der Koppenplatz war dann übrigens der erste begrünte Stadtplatz des Viertels und blieb der einzige bis ins 20. Jahrhundert.

1706 entstand auch der Garnisonfriedhof an der Kleinen Rosenthaler Straße (nicht 1722, wie die schöne Inschrift über dem Eingang sagt). Die Garnisonkirche befand sich jenseits des Bahnhofs Hackescher Markt. Dort, in der Gruft, wurden im 18. Jahrhundert die höheren Chargen bestattet. Die Friedhofskultur begann in Berlin erst um 1780, vorher wird auch der Garnisonfriedhof nicht viel mehr gewesen sein als der Armenfriedhof (es ist überliefert, dass die Flächen auch hier für die Wäschebleiche verpachtet wurden). Nach mehreren Beräumungen bis in die 1980er Jahre ist der Friedhof heute ein »Denkmal-Park«, in dem vereinzelt oder auch in malerischen Gruppen etwas über einhundert zum Teil außerordentlich schöne Denkmale stehen. Es lohnt, sich die Anlage etwas genauer zu erschließen, wegen der zahlreichen bekannten Namen preußischer Geschichte und wegen der zum Teil hervorragenden Stelen und Kreuze. Der Garnisonfriedhof besitzt besonders schöne Beispiele für den Berliner Eisenkunstguss. Das Spitzenstück bildet hier vielleicht die Stele für den General von Brauchitsch (gest. 1827 – Entwurf von Ludwig Wichmann), aber andere (v. Tippelskirch, gest. 1840 – in Zinkguss; Teichert, gest. 1860) stehen kaum nach. Mein Favorit ist die Grabstätte von dem Knesebeck (gest. 1848), die zarten Stege des durchbrochenen Kreuzes bilden eine Neuinterpretation gotischen Maßwerks, am Einfassungsgitter werden die Formen variiert. Es verhält sich hier ähnlich wie bei Biedermeierformen,

Grabmal v. d. Knesebeck (gest. 1848) auf dem Garnisonfriedhof

welche mitunter wie eine Vorwegnahme der Bauhaus-Ästhetik wirken. – Eine sehr schöne Stele erinnert an den romantischen Dichter Friedrich de la Motte-Fouqué (gest. 1843), erhalten blieb auch das Grabmal für Adolf Freiherr von Lützow (gest. 1834), der als Freikorps-Kommandeur in den Befreiungskriegen berühmt wurde.

19. Jahrhundert, bis zur Reichsgründung

Nach 1800 sprang Berlin über die bis dahin noch ziemlich eingehaltene Grenze »Akzisemauer« hinweg. Die Rosenthaler Vorstadt entstand und das Gebiet westlich der Friedrichstraße nahm als Friedrich-Wilhelm-Stadt seine eigene Entwicklung. Aus der Spandauer Vorstadt wurde das »Spandauer Viertel«. Aus den Gärten wurden dicht bebaute Höfe. Die bereits mehrfach erwähnte Vielfalt der Grundstücksformen bot verschiedene Lösungen an, wobei die Verdichtung über die Zeit hin zunahm. So besitzt zum Beispiel die nördliche Seite der Sophienstraße tiefe Grundstücke, die fast alle verschieden bebaut sind. Haus und Hofbebauung der Nr. 28–29 entstanden einheitlich 1840. Das Gartenhaus in der Grundstückstiefe besitzt ein sogenanntes Bohlenbinderdach. Diese reizvolle und in Berlin nur noch seltene Form wurde beim Ausbau der Stallungen und Remisen aufgenommen. Eine stärkere Verdichtung (und andere Nutzung) finden wir bei Nr. 20–21 (Sophie-Gips-Höfe) mit Fabrikgebäuden von 1904. Die Durchwegung zur Gipsstraße und die künstlerische Ausgestaltung der alten Gebäude bilden eines der schönen Beispiele dafür, wie anregend diese historischen Baustrukturen für die Schaffung moderner urbaner Räume sein können. Öffentliche und nicht-öffentliche Räume koexistieren hier auf engstem Raum. Eine ähnliche Situation finden wir auch bei Nr. 18, nur dass sich hier anstelle von Werkstätten das Handwerkervereinshaus mit den Sophiensaelen befindet. Der traditionsreiche Berliner Handwerker-Verein übernahm das Haus 1904 (er befand sich zuvor in der Nachbarschaft). Reizvoll, wenn auch keine große Kunst, ist die Gestaltung der Zufahrt durch das ältere Vorderhaus, ein Doppelportal mit aufgesetztem Blendgiebel, an norddeutsche Backsteingotik erinnernd. – Damit sind wir vom Thema abgekommen, den Häusern der ersten Hälfte des 19. Jahrhunderts. Davon gibt es eine ganze Anzahl, haben wir aus den Jahrhundert zuvor nur »Bürgerhäuser«, kommen jetzt auch »Kleinbürgerhäuser« hinzu, Bauten mit vier, fünf oder sechs Fensterachsen Breite, die auch etwa in unserem Sinne als Mietshäuser erbaut wurden. Nicht immer lässt sich aus der Geschosshöhe das Alter erschließen, in den kleinen Straßen blieben die Häuser oft zwei- oder dreigeschossig. Wir finden nun bereits ganze Ensembles, Häuserreihen, die ein größeres Bild ermöglichen, an denen wir vergleichen können. Eine solche Häuserreihe ist in der Tucholskystraße, zwischen August- und Oranienburger Straße zu finden, aber auch in der

Mulackstraße 22, 1862

Gipsstraße, der Joachimstraße und in der Almstadtstraße blieben schöne Ensembles erhalten.

Wir greifen ein Beispiel heraus. Das Haus Mulackstraße 22 wurde 1862 erbaut. Die Grundstücke zur Steinstraße sind hier klein, das Haus in der Mulackstraße bildet eine Einheit mit der Steinstraße 19. Die Fassade ist reizvoll. Erd- und hohes Kellergeschoss formen mit ihrer Putzquaderung einen hohen Sockel, in den die rundbogige Einfahrt eingeschnitten ist. Die beiden folgenden Geschosse verfügen seitlich über jeweils drei durchgehende Pilaster, auch die Fenstergliederungen wechseln, sodass sich der Eindruck sehr flacher (praktisch gar nicht hervortre-

Innenhof Oranienburger Straße 27, 1855–1860

tender) Risalite ergibt. Dann folgt ein kräftiges Gesims und das oberste Geschoss ist mit Schieferplatten verkleidet, als handele es sich um ein Mansarddach. Die Fassaden dieser Zeit sind reich, jedoch noch nicht so plastisch hervortretend wie diejenigen, die zwanzig Jahre später geschaffen wurden. Oft werden unter »Stuck« vorgefertigte Gipsteile verstanden, die an eine Fassade (oder eine Zimmerdecke) angebracht werden. Der Stukkateur arbeitet aber mit Mörtel, den er anträgt und dann mithilfe von Schablonen zu Flächen, Profilen etc. formt. Eine solche Fassade ist ein Ergebnis sorgfältiger Handwerkskunst. Mit welchem Stilbegriff lässt sich die Fassade kennzeichnen? – Spätklassizistisch,

sagt man gemeinhin zu der Epoche. In der Auffassung des Baukörpers steckt aber auch noch barocke Tradition, in Abgrenzung zu wirklich klassizistischen Gestaltungen könnte man hier von einer biedermeierlichen Gestaltung sprechen.

Kurz etwas zur Nutzung des Hauses. Die Kellerhälse seitlich der Durchfahrt führten in Kellerläden oder Gewerbebetriebe. Zahlreiche Türen und Tore finden sich auch im Hof, sie führten in den Pferdestall, die Wagenremise, den Futterboden, in Lagerräume. Noch immer übten Schuhmacher, Schneider, Zigarrenmacher etc., die hier wohnten, ihr Gewerbe in den Wohnräumen aus. In einem erstaunlichen Kontrast zur Fassade steht: In den oberen Geschossen führte jeweils ein Mittelflur zu bis zu sieben einzeln vermieteten Zimmern, was entweder beim Bau so vorgesehen war oder wenige Jahre danach eingerichtet wurde. 1873 lebten laut Adressbuch 31 Mietsparteien in den beiden Häusern.

Im Geiste der Mulackstraße 22 verwandt ist die schöne Fassade des Hauses Auguststraße 38. Die beiden Kopfmedaillons dort sind sichtlich Porträts, entstammen keinem Musterbuch. Anders dagegen zeigt sich, einige Schritte weiter, die Auguststraße 50A. Hier haben wir es mit dem Berliner Klassizismus in seiner typischen Ausprägung zu tun, und das, obwohl, wie die Bauforschung herausgefunden hat, der Bau von 1830 ist, die Fassade 1866 umgestaltet wurde. Die Mittenbetonung mit flachen Doppelpilastern ist ein in Berlin wiederkehrendes Motiv (vgl. die ganz ähnliche Neue Schönhauser Straße 14). Während die zuvor betrachteten Häuser Mulackstraße 22 und Auguststraße 38 sich um Individualität bemühen, ordnen diese Häuser sich in die Straße ein. – Bei der Sanierung wurde so verfahren, dass der (fast völlig verlorene) Fassadenputz in der Gliederung von 1866 wiederhergestellt wurde, bei den Details aber nur das noch Vorhandene belassen, Fehlendes nicht ergänzt wurde. Das macht das ursprüngliche Gliederungssystem verständlich, der Wert der Originale wird nicht durch (oft zweifelhafte) Nachschöpfungen geschmälert. – Stilistisch verwandt, aber »sozial höher stehend« sind zwei Häuser in der Oranienburger Straße (die immer schon etwas feiner war): die Oranienburger Straße 34 (Ecke Tucholskystraße), wieder ein älteres Haus, welches 1866 neugestaltet wurde, und die Oranienburger Straße 27 mit dem sehenswerten Hof. Das Vorderhaus entstand im Kern um 1840, die Hofgebäude 1855–1860. In dieser zweiten Bauphase erhielten auch die Repräsentationsräume im Vorderhaus kostbare Fußböden, von denen einige wiederhergestellt werden konnten. Der schöne gusseiserne Balkon belegt die Qualität des Berliner Eisengusses. Hier lebt das von Karl Friedrich Schinkel inspirierte Kunsthandwerk. Der öffentlich zugängliche Hof ist zunächst eng, weitet sich dann zu einem annähernd quadratischen Platz. Dessen »Randbebauung« erinnert durchaus an einen italienischen Stadtplatz, es handelt sich auch um eine Schauarchitektur, die »Palazzi« verfügen jeweils nur über Raumtiefe, angelehnt an die Brandmauern der Nachbargrundstücke. – Wem dieser Hof gefallen hat, der mag seine Schritte um die Ecke, in die Krausnickstraße lenken, dann bleibt er in der Epoche. Die Straße wurde erst in den 1850er Jahren angelegt und in der Folge einheitlich bebaut.

19. Jahrhundert, öffentliche Bauten

In der Oranienburger Straße wurde 1859–1866 die Neue Synagoge erbaut. Mit 3.200 Plätzen war sie die größte Synagoge Deutschlands und bildete das wohl eindrucksvollste bauliche Denkmal für die Emanzipation der Juden in Deutschland. Ihre Architektur wirkte vorbildlich für zahlreiche Synagogenbauten in Deutschland und darüber hinaus.

Dem Architekten Eduard Knoblauch stand ein tiefes, aber nicht ganz regelmäßiges Grundstück zur Verfügung. Die damit verbundenen Probleme löste er, indem er die dominierende Kuppel nicht über den Hauptraum, sondern über die Vorhalle, in die Fassade, setzte. Der »Knick« in der Grundfläche wurde in den Vorräumen ausgeglichen. Der heute nicht mehr vorhandene Synagogenraum (in der Grundstückstiefe) und die bezeichnende Schauarchitektur (an der Straße) wurden geschickt getrennt. An der Fassade wie am gesamten Bau sind orientalische und maurische Formen aufgenommen, die Grundformen stehen dabei durchaus in Bezug zur europäischen Sakralarchitektur, nämlich mit der Doppelturmfassade und der bekrönenden Kuppel. Diese Kuppel ruht auf einem hohen Tambour, eigentlich mehr ein Kuppelturm, nach orientalischem Vorbild ist sie unten eingezogen, ganz aus Eisen und Glas geformt, wirkt sie leicht und strahlt im Licht. Auch im Inneren kannte man keine Scheu, Eisenguss für sichtbare Bauteile zu verwenden. Der Hauptraum wurde als sehr

prachtvoll beschrieben (F. A. Stüler leitete hier für den erkrankten Knoblauch die Arbeiten).

Während des Novemberpogroms 1938 konnte der Bau geschützt werden, im Krieg wurde er beschädigt, der große Synagogenraum in den 1950er Jahren abgetragen. Noch vor der Wende begann die Wiederherstellung, wobei darauf geachtet wurde, die Zerstörung sichtbar bleiben zu lassen. Das gläserne Schutzdach bezeichnet die Höhe des verlorenen Hauptraumes, seine Maße sind zudem auf der Freifläche markiert.

Einige Schritte weiter in der Oranienburger befindet sich das Postfuhramt (1875–1881, Carl Schwatlo und Wilhelm Tuckermann). Wir finden hier ähnliche Architekturprobleme wie bei der wenig früher entstandenen Synagoge, farbige Architektur war ein großes Thema der Zeit. Auch die Verbindung historisierender Formen (hier nach Vorbildern der italienischen Frührenaissance) mit modern-technischen Lösungen erstaunt uns immer wieder. Die gewaltigen Fassaden mit ihrer feinen Terrakottatechnik sind beeindruckend, die Ecklösung mit dem tief eingeschnittenen Portal und den Kuppeln darüber erreicht nicht die Einheitlichkeit und Spannung, wie sie an der Synagoge zu erleben sind (wobei zu bedenken ist: nach Kriegsschäden wurde manches vereinfacht).

Zwischen Torstraße 164 und Linienstraße 98 befindet sich das ehemalige Königliche Leihamt, erbaut 1847. Es handelt sich um einen großen fünfgeschossigen Speicher, bestimmt zur Aufnahme der Pfänder, einen Zweckbau also. Mit einigem Recht sind die in gelben und roten Klinkern gehaltenen Fassaden mit Schinkels berühmter Bauakademie in Verbindung gebracht worden.

Zu den öffentlichen Bauten zählen die Schulen. Wir haben es im Viertel mit neun historischen Standorten zu tun (nicht immer blieb alles erhalten), anhand derer sich eine eigene kleine

Sophienkirche

Postfuhramt in der Oranienburger Straße

Bau- und Sozialgeschichte entwickeln ließe. Die Reihe beginnt in der Hirtenstraße 4 mit einer Gemeindeschule von 1842. Es handelt sich um einen recht einfachen Putzbau, erst etwas später werden die backsteinsichtigen Schulen üblich. Das Gebäude beherbergt heute ein feines Restaurant, im Vintage-Look wurde alles noch Vorhandene belassen. Ein seltsamer Kontrast: In diese Volksschule müssen ja all die Kinder ostjüdischer Flüchtlinge mitten im Scheunenviertel gegangen sein – heute lässt sich hier fein speisen. Eine der für Berlin typischen Volksschulen des Stadtbaurats Hermann Blankenstein befindet sich in der Gipsstraße 23A. Auch dessen Nachfolger im Amt, der bedeutende Ludwig Hoffmann, hat hier zwei Schulbauten hinterlassen, die etwas langweilige heutige Volkshochschule Linienstraße 162 und die stimmungsvolle Volksschule am Koppenplatz. Hoffmann hat mit seinen zahlreichen öffentlichen Bauten Berlin geprägt und er hat dabei für das Thema kommunales Bauen fast einen eigenen Stil entwickelt. Der Bau am Koppenplatz ist so klar gegliedert, dass die Fassade ganz flächenhaft aufgefasst werden kann und (fast) nur von den Gruppen hoher Fenster gegliedert wird (man bedenke: das sog. Looshaus in Wien von Adolf Loos entstand 1909, unsere Schule 1902–1909).

Zur gleichen Zeit entstand in der Großen Hamburger Straße die Jüdische Knabenschule (heute Jüdisches Gymnasium, Architekt: Johann Hoeniger). Die beiden Schulen lassen sich nicht ohne Weiteres vergleichen, denn hier handelt es sich um eine private, nicht um eine öffentliche Schule. Von Hoeniger stammen in unserem Viertel auch das Haus der Gemeinde Adass Isroel (Tucholskystraße 40) und die Hochschule für die Wissenschaft des Judentums (Tucholskystraße 9, heute Zentralrat der Juden in Deutschland).

In der Linienstraße 128/129 erhielt die einige Jahre zuvor gegründete Berliner Feuerwehr 1859 ihren ersten Neubau – das Haus dient bis heute diesem guten Zweck, was eine für Berlin fast unerhörte Kontinuität darstellt.

Das St. Hedwigs-Krankenhaus in der Großen Hamburger Straße wurde ab 1850 als erstes katholisches Krankenhaus für Berlin erbaut. Der Kölner Dombaumeister Vincenz Statz errichtete den ersten Bauteil, den mit der vortretenden Kapelle auf dem Hof, es folgten dann über 80 Jahre hin Erweiterungen, Anbauten, Aufstockungen – die Gesamtheit macht den Reiz der Anlage aus. Es sind Variationen zu einem Thema: »Das Krankenhausensemble ... spiegelt in der unterschiedlichen Ausprägung der neugotischen Formen die jeweils als zeitgemäß erachtete Umsetzung des historischen Baustils« (Hübner/Oehmig).

Geschäftshäuser, Hofanlagen

Am bekanntesten sind zweifellos die Hackeschen Höfe. Wir haben bereits gesehen, dass auch in den Jahrzehnten zuvor die Hofanlagen öffentlich genutzt und dann auch architektonisch gestaltet wurden. Bei den 1906/07 errichteten Hackeschen Höfen beeindrucken die Größe, es sind acht Innenhöfe, und vor allem die Gestaltung des ersten Hofes. Da für die hier untergebrachten Festsäle und die Fassaden eine spektakuläre Architektur gewünscht war, übertrug man diese Aufgaben einem Spezialisten, August Endell. Endell hatte bis dahin mit einigen radikalen Jugendstilbauten auf sich aufmerksam gemacht, hier nun nutzte er die an sich geläufige Form der Verkleidung der Hoffassaden mit farbig glasierten Klinkern für eine teilweise phantastische Gestaltung. Es mag etwas gewagt sein, aber ich möchte als Thema des Ganzen »Wasser« ansehen – man denke etwa an einen Gebirgssee im klaren Sonnenlicht: Es beginnt beim tiefen Blau des Sockels, hellblau und weiß schimmern die Flächen im Licht, während in den dunklen Schattenpartien die Lichter blaugrün aufstrahlen; die Treppenhäuser sind in einem rotvioletten Ton gehalten, durchzogen von grünen »Schlieren« und mit mattblauen Lichtpunkten: eine beschattete, flache Uferpartie, die beiden durchgehenden Pfeiler des Querbaus stehen vielleicht für einen Wasserfall, bei dem die Wassertropfen im Licht aufblitzen. Möglich wurde das alles nur durch die wunderbare Leuchtkraft der farbigen Glasuren, man musste bei der Restaurierung in den neunziger Jahren einigen Aufwand betreiben, um Fehlstellen adäquat zu ersetzen.

Sehenswerte Wohn- und Geschäftshäuser aus der gleichen Epoche finden wir auch unter den Nummern Neue Schönhauser Straße 19, 20 (Goethe-Institut) und 21. Ein Kuriosum bildet das Gebäude des Volkskaffeehauses in der Neuen Schönhauser 13 (siehe Seite 109). Es handelt sich um ein Frühwerk des bedeutenden Architekten Alfred Messel (der später durch seine Warenhausbauten berühmt werden sollte). Ungewöhnlich ist nicht das Stilvorbild, die deutsche Renaissance. Diese war um 1890 gerade en vogue. Vielmehr ist die gesamte Auffassung für Berlin ganz untypisch, man könnte sie »anti-großstädtisch« nennen.

Der erste der Hackeschen Höfe,
Fassadengestaltung von August Endell, 1907

Um Tiefe für die plastische Gliederung der Fassade zu gewinnen, springt diese über dem Erdgeschoss zurück. Es entsteht eine Art Altan, was eine ganz ungewöhnliche Lösung darstellt. Seitlich sitzt ein »schöner Erker« auf, ein weiterer Giebel durchbricht die Dachtraufe. Der Betrachter spürt: Hier ist alles gezeichnet, durchdacht, komponiert – ein begabter junger Mann will zeigen, was er kann. Was dabei herauskommt, ist eher zu individuell. Einige Schritte weiter, Rosenthaler Straße 28–31, steht mit dem ehemaligen Kaufhaus Wertheim ein Bau im reifen Stil des Meisters, der nach Kriegsschäden allerdings weitgehend verändert wurde.

»Kaiser-Wilhelm-Straße«, Rosa-Luxemburg-Platz, Bauten der zwanziger Jahre

Um 1900 erfuhr unser Viertel in seinem östlichen Teil seinen größten städtebaulichen Eingriff. Es ging bei der Kaiser-Wilhelm-Straße (heute Karl-Liebknecht- und Rosa-Luxemburg-Straße) darum, eine Verlängerung der Achse Unter den Linden über den Lustgarten, mit einer neuen Brücke über die Spree, durch Alt-Berlin und dann zu den nordöstlichen Stadtgebieten zu schaffen. Genau bei den alten Scheunengassen sollte die neue Straße sich gabeln und einmal zur Schönhauser Allee, einmal zur Prenzlauer Allee führen. Der Plan wurde ausgeführt, sechzig Jahre später aber in einer maßstäblichen Erweiterung revidiert, indem die Karl-Liebknecht-Straße mehrspurig direkt bis zur Prenzlauer Allee verlängert wurde. Die Rosa-Luxemburg-Straße ist so keine Ausfallstraße mehr. Auf dem dreieckigen Rosa-Luxemburg-Platz entstand 1912–1914 die Volksbühne (Entwurf Oskar Kaufmann). Nach Kriegsschäden erfolgte 1952–1954 der Wiederaufbau und zwar in einer für diese Zeit durchaus charakteristischen Weise: indem die Umfassungsmauern genutzt und ein moderner Bau hinein gestellt wurde. Die der Not gehorchende Lösung haben wir heute längst als ein Ganzes akzeptieren gelernt. Vom alten Theater blieb sichtbar wenig mehr als die Säulenfront. Während die Rosa-Luxemburg-Straße noch vor dem Ersten Weltkrieg bebaut wurde, blieb der Platz lange frei und erhielt erst Ende der zwanziger Jahre eine einheitliche Bebauung. Nach dem Entwurf von Hans Poelzig entstanden Wohnhäuser (nicht alle erhalten) und das Kino »Babylon«. Der dreieckige Platz mit dem Solitär Volksbühne im Zentrum bot dem Architekten günstige Voraussetzungen. Seine in warmen Erdtönen gehaltenen Wohnbauten mit abgerundeten Ecken und einer dezenten horizontalen Gliederung kontrastieren wirkungsvoll zu dem aus der Erde aufstrebenden Block des Theaters. Die Bauten wirken eigentlich für den Architekten, der wie viele seiner Generation nach expressiver

Wohnhäuser am Rosa-Luxemburg-Platz, Hans Poelzig, 1929

Steigerung strebte, ungewöhnlich elegant (das konnte er also auch).

Die Architektur der zwanziger Jahre ist ja bis heute als Anreger und Vorbild lebendig, auch wenn sich durch neue Materialien und Technologien vieles verändert hat, fast ließe sich sagen, sie bilde unsere »Antike«, auf welche sich in wechselnder Weise immer wieder bezogen wird. Entsprechend dieser Bedeutung müssten wir hier noch manches behandeln. Die Frauenklinik an der Ziegelstraße von Walter Wolff (1928–1932) und die Jüdische Mädchenschule in der Auguststraße von Alexander Beer (1930) wären zu nennen. Erstere ist derzeit Bestandteil eines großen Sanierungskomplexes, der die ehemaligen Post- und Klinikgebäude des Karrees umfasst, die Schule beherbergt Lokale und Galerien, die Schulräume bilden die »authentische Folie«.

Wirklich bemerkenswert ist die katholische Kirche St. Adalbert (Linienstraße 101), 1933 von Clemens Holzmeister erbaut.

Katholische Kirche St. Adalbert, Clemens Holzmeister, 1933

Holzmeister war ein ungemein produktiver österreichischer Architekt, dessen Bauten von den zwanziger bis in die sechziger Jahre seine Heimat mitprägten, während der Emigration in der Türkei hat er zudem an den kemalistischen Staatsbauten mitgewirkt. Sein Werkverzeichnis umfasst rund 700 Nummern! In Berlin leitete er 1930 den Umbau der Hedwigskirche. Ihre Diaspora-Situation hat die katholische Kirche ja immer wieder veranlasst, ortsfremde Kräfte aus ihren »Kerngebieten« heranzuziehen, was oft, und hier auf jeden Fall, zu einer Bereicherung führte. Die räumliche Situation für die zu bauende Kirche war denkbar ungünstig, zur Verfügung stand nur eine schmale Hausparzelle. Das Bemerkenswerte an St. Adalbert ist denn auch nicht der (veränderte) Innenraum sondern die Chorfassade an der Linienstraße: Eine Backsteinwand ist in die Straßenflucht gesetzt, in einen Einschnitt in der Mitte ist der erhöhte Halbzylinder der Apsis gesetzt, variierte Rundbogenfenster treiben ein feines Spiel. Der historisierende Bezug dieser Architektur liegt bei den italienischen Franziskanerkirchen des 13. Jahrhunderts – frei interpretiert und zwischen Berliner Mietshäuser gefügt.

Nach dem Krieg, bis 1989

Der Krieg hat in der Spandauer Vorstadt nicht weniger gewütet als anderswo, die höhere Denkmaldichte ergibt sich aus einer gewissen Unsicherheit, wie generell mit dem Viertel zu verfahren sei. Anfangs wurde repariert wie überall, aber schon für die späten 1950er Jahre fällt auf, dass zwischen Hackeschem Markt und Torstraße die einfachen Lückenschließungen fehlen, die es ganz ähnlich in Ost und West gibt. Obwohl mir keine fixierten Pläne dafür bekannt sind, scheint doch die Vorstellung bestanden zu haben, zwischen zu erhaltenden Wohngebieten im Norden und neu zu gestaltendem Stadtzentrum im Süden hier einen Bereich für spätere Lösungen vorzuhalten. Geplant waren jedenfalls neue Verkehrsachsen. Gebaut wurden auf den Brachflächen nur Bürobaracken, und zwar in großer Zahl. Einer ideologisch geprägten Abrisswut fiel die wiederaufbaufähige Ruine von Schloss Monbijou zum Opfer. Wir würden hier gerne auch Architekturleistungen dieser Zeit hervorheben, aber es gibt fast nichts, nur den Wiederaufbau der Volksbühne und das Postinstitut an der Ecke Oranienburger-/Tucholskystraße von 1960.

Das Umdenken setzte in den siebziger Jahren ein, ab Ende des Jahrzehnts war das Gebiet Sanierungsgebiet. Das heute noch Sichtbare davon sind die Plattenbauten entlang der Linienstraße, der Rosenthaler und zwischen Almstadt- und Max-Beer-Straße. Der Umfang des Wohnungsbaus ist nicht gering, von den rund 6500 Wohnungen des Viertels (Stand 2007) befindet sich ein Zehntel in diesen Plattenbauten (rund 1500 Wohnungen wurden nach 1990 gebaut). Die Plattenbauten entstanden unter dem Zeichen der »innerstädtischen Rekonstruktion«, also der Wiedergewinnung der historischen Stadträume – und das leisten sie auch. Die Bauindustrie der DDR hatte ganz auf Großplattenbauweise gesetzt, mit verheerenden Folgen für die Altstadtsanierung, der darauf folgende Versuch, die »Platte« in historischen Stadträumen einzusetzen, blieb unbefriedigend. Unter Fachleuten beachtet wurde Mitte der 1980er Jahre ein Bürobau Dircksen-/Ecke Rochstraße, einfach weil es hier gelang, einen Bezug zum benachbarten BVG-Bau von Alfred Grenander herzustellen, das war schon was.

Nach 1989, Sanierungsgebiet Spandauer Vorstadt

Von 1990 bis 2008 war die Spandauer Vorstadt Sanierungsgebiet. Sie wurde in ihrer Gesamtheit als Denkmalbereich ausgewiesen. Sie erlebte ihre vielleicht »größte Zeit«, wurde zur »neuen Mitte«. Heute, wo sie von ihrer Sonderrolle manches wieder eingebüßt hat (weil sich zeigte, dass Berlin noch weitere Potenziale besitzt), müssten wir eigentlich versuchen Bilanz zu ziehen, sind aber noch befangen. Schaut man anhand der seinerzeit geäußerten Befürchtungen, so ist aus der Spandauer Vorstadt *kein* »Disneyland« geworden. Der Versuchung »Verlorenes wiederaufzubauen« wurde widerstanden. Es wurden Fassaden »aufgestuckt«, im Ganzen aber fällt doch auf, wie individuell für die einzelnen Häuser entschieden wurde. Den Fachmann mag die Plumpheit mancher Dachausbauten entsetzen, doch gibt es auch noch traditionelle Gauben, an denen der Betrachter sein Auge schulen kann. – Wie steht es mit der Befürchtung, Neubauten würden die Maßstäblichkeit zerstören? Als noch in den 1990er Jahren die gesamte Ostseite des Hackeschen Marktes bebaut wurde, drangen die Stadtplaner auf einen traditionellen Fassadenwechsel, es entstand eine vielleicht nicht schlechte, aber doch eben eine Kulisse. Gegenüber, Hackescher Markt 2–3, wurde etwa zur selben Zeit eine Lücke mit einer reinen Glasfassade geschlossen. Auch noch einer der frühen Neubauten, gab der Bau der Architekten Grüntuch und Ernst doch die Richtung vor, sich mit zeitgemäßem Ausdruck gegen das Alte behaupten zu wollen, eine reine Glasfassade, die trotz Fassadengebundenheit den Baukubus nicht verleugnet. Das nun wirklich große SAP-Gebäude Rosenthaler 30 (Mark Braun, 2003) verdeutlicht, dass das Viertel sich weiterentwickelt. Es ist elegant und vermag an dieser Ecke einen sehr disparaten Stadtraum zu prägen. Gerade gegenüber befindet sich ja eine der *nicht* historischen Grünflächen. Die Stadtplanung hatte zu entscheiden, welche Brachfläche zum Spielplatz und welche zur Bebauung freigegeben werden solle. In dem Dreieck zwischen Rosenthaler und Gormannstraße haben wir vielleicht ein Beispiel dafür, dass es besser sein kann, wenn Stadtreparatur *nicht* repariert. Es ist kein schöner Platz daraus geworden, aber ein interessanter.

Die am häufigsten geäußerte Befürchtung betraf eine erwartete Gentrifizierung, was in etwa meint, die Bewohner eines bisher wenig geschätzten Innenstadtbereichs werden von besser zahlenden Schichten verdrängt. Ein solcher Prozess hat ohne Zweifel stattgefunden, wobei die Sanierungsvorgaben des Senats sehr mildernd gewirkt haben. Die 1990 eingeleiteten Veränderungen waren ja wohl auch zu gewaltig, als dass sie um das Viertel einfach einen Bogen hätten machen können. Die Spandauer Vorstadt ist jedenfalls ein Wohnviertel geblieben, ist es fast noch mehr geworden. Architektonisch bot der historische Stadtgrundriss hierbei die Möglichkeit für ein paar Townhouses, die anderswo in Berlin oft etwas künstlich wirken, hier aber überzeugen. In der Auguststraße 26A ist auf einer absurd kleinen Grundfläche ein lindgrüner »Karton« zwischen zwei alte Häuser geklemmt, der mit seinen wechselnden Fensterformaten verschiedene Antworten auf die Frage nach dem Verhältnis zwischen innen und außen gibt. Der Bau verleugnet nicht, dass heute ganz anders gebaut wird als im 19. Jahrhundert und bereichert das historische Bild (Jörg Ebers, 2005). Es ist interessant, dass auch dieser Bau sehr genau um seine alten Nachbarn weiß, auf Geschoss- und

Altes und Neues im Kontrast: Auguststraße 26A und 26B

Traufhöhen wird Bezug genommen. Ein anderes Townhouse in der Mulackstraße 16 lebt eher davon, dass das benachbarte Ruinengrundstück nur im hinteren Bereich bebaut ist, die gebrochene Glasfassade erhält so mit der berankten Brandmauer einen wirkungsvollen Kontrast (plus 4930 Architekten, 2007).

Zu den baulichen Tatbeständen der letzten Jahre gehören auch die »besetzten Häuser«. Die berühmtesten sind das »Tacheles« (Oranienburger Straße) und das »Haus Schwarzenberg« (Rosenthaler 39), es gibt noch einige weitere. Zeitgeschichtlich werden sie in diesem Buch von Veit Stiller gewürdigt, hier ginge es darum, ob sie auch über eine »architektonische Botschaft« verfügen, wozu per Definition Dauerhaftigkeit gehört. Die Touristenströme, die täglich durch die engen Höfe des Haus Schwarzenberg schwappen, fotografieren erfreut die Punkskulpturen und Graffiti auf den grindigen Putzflächen dort. Sie erfahren das wohl als Überbleibsel der Nachwendezeit, erleben aber auch ei-

»Besetztes Haus« Linien-/Ecke Kleine Rosenthaler Straße

nen alten verwinkelten Wohn- und Gewerbehof mit allen seinen Alterungsspuren. Zu den Ansprüchen der Alternativkultur gehörte/gehört ja auch, ehrlicher mit der Geschichte umzugehen – und ohne die inzwischen »durchsanierte« Spandauer Vorstadt in Zweifel ziehen zu wollen, lässt es sich doch dankbar sein für die paar Häuser, die sich der Sanierung entzogen.

Anna Luise Karschin

DICHTER, KÜNSTLER UND GELEHRTE
Wolfgang Feyerabend

Zu den Prominenten, die sich zeitig in der Spandauer Vorstadt niederließen, gehörte Anna Louisa Karsch (genannt die Karschin), geb. Dürbach (1722–1791). Deutschlands erste freiberuflich tätige Dichterin bezog 1789 ein Haus in der Kommandantenstraße (nachm. Neue Promenade). Es trug später die Nr. 1 und grenzte an den Zwirngraben.

Die aus Schlesien stammende Karschin wuchs in ärmlichen Verhältnissen auf. Sie verlor früh den Vater und wurde mit sechzehn Jahren verheiratet. Nach zwei gescheiterten Ehen kam sie 1761 in die preußische Hauptstadt. Bereits sechs Jahre zuvor waren erste Gedichte von ihr – sie galt als Naturtalent – gedruckt worden. Der Halberstädter Dichter Ludwig Gleim und der in Berlin wirkende Schweizer Philosoph Johann Georg Sulzer nahmen sich ihrer an und förderten sie. Im Jahr 1764 erschienen ihre »Auserlesenen Gedichte«, mit denen sie sich rasch einen Namen in der literarischen Welt machte. Keine Geringeren als Moses Mendelssohn und Johann Gottfried Herder besprachen ihre Gedichte.

Die materielle Situation der »deutschen Sappho« blieb ungeachtet dessen schwierig. Mit Gelegenheitsgedichten zu Taufen, Trauungen und anderen Anlässen schlug sie sich mehr schlecht als recht durch. König Friedrich II., den sie mehrfach als Kriegshelden besungen hatte, empfing sie zwar zu einer Audienz in

Anna Louisa Karsch(in)

Blick in die Neue Promenade, um 1935

Sanssouci und sicherte Unterstützung zu, löste aber sein Versprechen nicht ein. Erst dessen Neffe und Nachfolger auf dem Thron, Friedrich Wilhelm II., ließ ihr das besagte Haus erbauen. An den Dichterfreund Gleim schrieb sie am 10. Januar 1787 in Vorfreude: »Mein Häuschen kommt nicht in die Hospitalstraße, wo Maler Frisch wohnt, weil sein Vater ihm dies Erbhaus ließ. Die Gegend wäre für mich schlechterdings nicht, wer möchte in meinem Alter von aller Welt abgelegen wohnen? Meine Wohnung ist mit der Rückseite der Garnisonkirche benachbart und liegt an dem Kanal, der jetzt enger gemacht ward, der nach der Spandauer Brücke zu fließt. Hier gibt's kein unaufhörliches Wagengeräusch, wie in der Brüderstraße, es herrscht aber auch keine Totenstille hier, ich habe nicht weit nach Monbijou, nach dem Lustgarten, nach dem Königlichen Palast, bin der Stadt so nahe und wohne doch halb ländlich, kann alle meine Freunde bald erreichen.«

Nur anderthalb Jahre waren ihr im eigenen Domizil vergönnt. Nach der Rückkehr von einem Aufenthalt in Frankfurt/Oder erkrankte sie und starb bald darauf. Auf dem Sophienkirchhof wurde sie beigesetzt. Eine Gedenktafel an der Nordseite des Gotteshauses erinnert an sie.

Die Karschin blieb nicht die einzige Berühmtheit, die ihre Zelte in der Neuen Promenade aufschlug und das vorstädtische Ambiente des Viertels bei gleichzeitiger Nähe zur Stadt zu schätzen wusste. Auch der Dichter Carl Wilhelm Ramler (1725–1798) übersiedelte in seinen letzten Lebensjahren hierher. Wenngleich baulich verändert, hat sich die Neue Promenade 5 – anders als das Haus der Karschin – im Kern erhalten.

In Kolberg als Sohn eines Akzise-Inspektors geboren, besuchte Ramler die Lateinschule des Franckeschen Waisenhauses in Halle/Sa. und ging 1844 nach Berlin, wo er nach dem Willen des Vaters ein Medizinstudium aufnahm, das er jedoch abbrach. Zunächst als Hauslehrer tätig, wurde er später Dozent an der Kadettenschule und avancierte dort zum Professor der Logik und der Schönen Wissenschaften. 1790 trat er in die Intendantur des Nationaltheaters am Gendarmenmarkt ein.

Befreundet mit Johann Jakob Engel, Gotthold Ephraim Lessing und Friedrich Nicolai zählte Ramler zu den herausragenden Köpfen der Berliner Aufklärung. Neben eigener Lyrik schuf er seinerzeit vorbildliche Übersetzungen antiker Dichtungen und betätigte sich darüber hinaus als Herausgeber und Literaturkritiker, darunter an Deutschlands erster Rezensionszeitschrift »Briefe die neueste Literatur betreffend«.

Erfolge feierte Ramler mit Oratorientexten, die von Komponisten wie Carl Philipp Emanuel Bach (»Auferstehung und Himmelfahrt Jesu«) oder Carl Heinrich Graun (»Der Tod Jesu«) vertont wurden. Letzteres Werk erlebte 1755 seine Uraufführung und erklang mit wenigen Unterbrechungen bis Ende des 19. Jahrhunderts alljährlich am Karfreitag in Berlin. Die letzte Ruhe fand

Ramler auf dem Sophienkirchhof. Eine Gedenktafel am Anbau der Kirche verweist auf ihn und sein Wirken.

Die napoleonische Besetzung Hamburgs führte dazu, dass Abraham und Lea Mendelssohn ihren dortigen Wohnsitz auflösten und mit den drei Kindern 1811 in ihre Geburtsstadt Berlin zurückkehrten. Im Haus von Lea Mendelssohns Mutter, Bella Salomon, fand die Familie des Bankiers schließlich Unterkunft. An der Stelle des Hauses Neue Promenade 7 steht heute ein Neubau.

Hier wuchsen die Kinder der Mendelssohns auf. Hier wurde das vierte Kind, Paul, geboren. Und hier fanden bereits die legendären Sonntagskonzerte statt, bei denen Fanny Mendelssohn Bartholdy (1805–1847) und ihr Bruder Felix Mendelssohn Bartholdy (1809–1847) als Solisten brillierten. Seit ihrer Taufe 1816 trugen Fanny und Felix zusätzlich den Namen Bartholdy. Einige Jahre später erhielten auch die Eltern, inzwischen ebenfalls vom Judentum zum Christentum konvertiert, die Erlaubnis den Namenszusatz zu verwenden. 1825 zog die Familie in ein Palais am Leipziger Platz.

Größten Wert legten Abraham und Lea Mendelssohn Bartholdy auf die Ausbildung ihrer Kinder, inklusive der musischen Fähigkeiten. Ab 1819 übernahm der Direktor der Berliner Singakademie, Carl Friedrich Zelter, den Musikunterricht von Fanny und Felix. Mit 17 Jahren debütierte Felix Mendelssohn Bartholdy 1826 als Pianist im Königlichen Schauspielhaus am Gendarmenmarkt bei der Berliner Erstaufführung von Beethovens 9. Sinfonie. Nur ein paar Tage später vollendete er die Ouvertüre zu Shakespeares »Ein Sommernachtstraum«, die den Grundstock für seinen Weltruhm als Komponist bilden sollte.

Anders als ihrem jüngeren Bruder blieb der hochbegabten Fanny Mendelssohn Bartholdy, die 1829 den Maler und Zeichner Wilhelm Hensel heiratete, eine Karriere als Berufsmusikerin versagt. Der Vater hatte sich vehement dagegen ausgesprochen.

Erst ein Jahr vor ihrem Tod wagte sie es, eine Sammlung ihrer Kompositionen zu veröffentlichen. Die Rezeption ihres umfangreichen und vielgestaltigen Werks, darunter der Klavierzyklus »Das Jahr«, ließ mehr als ein Jahrhundert auf sich warten.

Zu den Musikergrößen, die für die Sonntagskonzerte im Hause der Mendelssohn Bartholdys verpflichtet wurden, dürften der Geigenvirtuose Karl Hermann Heinrich Benda und der Posaunist Friedrich August Belcke gezählt haben. Beide wohnten in der Nachbarschaft: Benda in der Neuen Promenade 3, Belcke am Hackeschen Markt 9 (heute Nr. 4) Die Häuser wurden bereits in den Gründerjahren durch Nachfolgebauten ersetzt.

Karl Benda (1748–1836) war der jüngere der beiden Söhne von Franz (Frantisek) Benda, dem Konzertmeister der königlichen Kapelle Friedrichs II. Sein musikalisches Rüstzeug erhielt er vom Vater und kam ihm »im Vortrag des Adagio auf der Violine am nächsten«, wie Meyers Konversations-Lexikon noch 1874 rühmte. Mit achtzehn Jahren wurde er selbst Mitglied der Hofkapelle. Außerdem als Klavierlehrer gefragt, unterrichtete er später den Kronprinzen und dessen Bruder Ludwig. 1802 ernannte ihn Friedrich Wilhelm III. zum Konzertmeister.

Friedrich August Belcke (1795–1874), gebürtig aus Lucka bei Altenburg, war von seinem Vater, dem dortigen Stadtmusikus, ausgebildet worden und erwarb sich zunächst Meriten als Mitglied des Leipziger Gewandhauses. 1816 folgte er dem Ruf an die Preußische Hofkapelle. 1858 kehrte er als Pensionär in seine Geburtsstadt zurück. Als Posaunist europaweit bekannt, hinterließ er rund fünfzig Kompositionen für sein Instrument wie auch das von dem in Berlin tätigen Kammermusiker Heinrich Stölzel entwickelte chromatische Tenorhorn, dem er sich seit 1820 mit gleicher Leidenschaft gewidmet hatte.

In ihrem Brief an Gleim erwähnte die Karschin den Maler Johann Christoph Frisch (1738–1815). Er durfte im 18. Jahrhundert als der bedeutendste bildende Künstler gelten, der in der Spandauer Vorstadt wohnte. Das von seinem Vater, dem Kupferstecher Ferdinand Helfreich Frisch, geerbte Haus stand in der Hospitalstraße 50–51 (heute Auguststraße), Ecke Heidereitergasse (heute Joachimstraße).

Frisch, zunächst Schüler bei Christian Bernhard Rode an der Berliner Akademie der Künste, hatte sich danach auf Studienreisen, die ihm Marquis d'Argens, ermöglichte, in Frankreich und Italien weitergebildet. Nach der Rückkehr ernannte ihn Friedrich II. zum Hofmaler und beauftragte ihn wiederholt mit der Gestaltung von Wand- und Deckengemälden in den königlichen Schlössern Berlins und Potsdams. Außerdem trat er erfolgreich als Porträt-, Landschafts- und Historienmaler sowie als Zeichner und Radierer hervor. 1770 wurde er Ehrenmitglied, 1805 Direktor der Akademie der Künste.

Ein Kind des Viertels war Carl Friedrich Zelter (1758–1832). Er wurde in der Münzstraße 1 (heute Nr. 21–23), Ecke Neue Schönhauser Straße als Sohn des Ratsmaurermeisters George Zelter geboren und erlernte den väterlichen Beruf. Doch schon früh galt seine Neigung der Musik. Nach dem Tod seines Lehrers Carl Friedrich Fasch übernahm er 1800 die Leitung von dessen Singakademie und formte sie zu einer der besten Chorvereinigungen ihrer Zeit. Auch als Komponist erwarb er sich Ruhm. Zum Volkslied wurde »Der Kuckuck und der Esel«.

Seine Vertonungen zahlreicher Gedichte Goethes trugen ihm darüber hinaus die lebenslange Freundschaft des Weimarer Dichterfürsten ein. Nicht zuletzt hatte Zelter als Musikpädagoge und -organisator entscheidenden Anteil an der Herausbildung des bürgerlichen Musiklebens in Berlin wie auch an der im frühen 19. Jahrhundert einsetzenden Renaissance der Werke Johann Sebastian Bachs. An der Fassade des 1893 errichteten Nachfolgegebäudes in der Münzstraße befindet sich – leicht zu übersehen, weil im ersten Obergeschoss angebracht – eine gusseiserne Gedenktafel.

Innenraum der Sophienkirche mit Orgel

Als Gemeindeglied der Sophiengemeinde, später als Orgelsachverständiger kannte Zelter selbstredend die Orgel in der Sophienkirche. Sie war 1789/90 im Auftrag des wohlhabenden Schiffbaumeisters Johann Friedrich Koepjohann von dem in der Rosenthaler Straße 18 (heute Neubau) ansässigen Orgelbaumeisters Ernst Marx (1728–1799) geschaffen worden. Der aus Ballenstedt Stammende hatte bei Joachim Wagner und schließlich bei Johann Peter Migendt seine Lehre absolviert, dessen Schwager und Kompagnon er wurde. Aus der Zusammenarbeit beider ging vermutlich schon die 1755 erbaute Orgel für Prinzessin Anna Amalia, der jüngsten Schwester Friedrichs des Großen, hervor. Das Instrument stand anfangs im Berliner Schloss, später im Palais der Prinzessin in der Straße Unter den Linden und befindet sich heute in der Karlshorster Kirche »Zur frohen Botschaft«. Mit der Orgel in Sophien dokumentiert es das hohe Niveau des Berliner Orgelbaus im 18. Jahrhundert.

Die Orgelbautradition im Viertel setzte Carl August Buchholz (1796–1884) fort. Er hatte sich das handwerkliche Rüstzeug beim Vater, Johann Simon Buchholz, erworben, der wiederum Schüler von Ernst Marx gewesen war. Den in der Neuen Grünstraße gegründeten väterlichen Betrieb verlegte er 1829 in die Kleine Hamburger Straße 13.

Bis weit ins 19. Jahrhundert hinein zählte die Werkstatt zu den renommiertesten in Preußen. Neben Orgeln in Berlin, so für die 1835 nach Plänen Schinkels fertiggestellte Elisabethkirche in der Invalidenstraße, baute und restaurierte Buchholz Instrumente in der Mark Brandenburg, in Mecklenburg, Vorpommern, Schlesien und im siebenbürgischen Kronstadt. Die Berliner Akademie der Künste ernannte ihn 1853 zum Akademischen Künstler. Die Werkstatt bestand in der Kleinen Hamburger Straße bis 1884 und erlosch, inzwischen in die Ackerstraße 169–170 verzogen, ein Jahr später mit dem Tod von Carl Friedrich Buchholz, dem Enkel des Firmengründers.

Bedeutende Musikschaffende in der Spandauer Vorstadt waren des Weiteren der Komponist und Hofkapellmeister Wilhelm Friedrich Ernst Bach (1759–1845), Sohn des »Bückeburger« Bachs, der Musikpädagoge und Volksliedsammler Ludwig Erk (1807–1883), der erste Kantor an der 1866 eingeweihten Neuen Synagoge Aron Joachim (1834–1914) sowie der an Sophien tätige Organist und Gründer der neuen »Berliner Liedertafel« Adolf Zander (1843–1914).

So dürfte es kein Zufall gewesen sein, dass auch der Fortepiano-Fabrikant Carl Bechstein (1826–1900) 1861 von der Behrenstraße in eben dieses Viertel übersiedelte und sich in der Johannisstraße 5–7 den neuen Wohn- und Firmensitz erbauen ließ. Der von Hans von Bülow, dem ersten Chefdirigenten der Berliner Philharmoniker, protegierte Klavierbauer errang 1862 die Silbermedaille auf der Londoner Industrieausstellung und stand seitdem in der ersten Reihe. Kaum ein Konzertsaal in der Welt,

Firmengelände der Fortepiano-Fabrik Carl Bechstein

der nicht über einen Bechstein-Flügel verfügte. Seine letzte Ruhe fand der Firmengründer auf dem Friedhof II der Sophiengemeinde an der Bergstraße. Villa und Werksanlagen der Firma im Viertel haben sich nicht erhalten.

Neben der Karschin und Ramler hatte sich im 18. Jahrhundert mit Karl Philipp Moritz (1756 –1793) ein weiterer Schriftsteller von Rang in der Spandauer Vorstadt niedergelassen. Eine Gedenktafel in der Münzstraße 7 verweist auf sein Wohn- und Sterbehaus, an dessen Stelle Plattenbauten aus DDR-Zeit stehen.

Moritz, in Hameln geboren und unter schwierigen familiären Verhältnissen aufgewachsen, konnte mit Hilfe von Gönnern das Gymnasium in Hannover besuchen, wo er gemeinsam mit August Wilhelm Iffland, dem späteren Direktor der Königlichen Schauspiele in Berlin, die Schulbank drückte. Nach vergeblichen Versuchen als Schauspieler Fuß zu fassen, studierte er zuerst in Erfurt und dann in Wittenberg Theologie. 1778 kam er als Lehrer ans Potsdamer Militärwaisenhaus und erhielt wenig später eine Anstellung an der unteren Schule des Berlinischen Gymnasiums zum Grauen Kloster, dessen Konrektor er 1779 wurde.

Vorrangig im Gedächtnis geblieben ist er mit seinem 1785–90 erschienenen vierbändigen autobiografischen Erzählwerk »Anton Reiser. Ein psychologischer Roman«. Doch umfasst sein vielgestaltiges Schaffen auch Reisebücher aus England und Italien sowie philologische und ästhetische Schriften. Das von ihm zwischen 1783 bis zu seinem Tod herausgegebene »Magazin für Erfahrungsseelenkunde« gilt als erste psychologische Zeitschrift Deutschlands überhaupt. Initiiert von Goethe, mit dem er auf seiner Italienreise Freundschaft geschlossen hatte, und auf Empfehlung des Weimarer Herzogs Karl August, wurde er 1791 Mitglied der Berliner Akademie der Wissenschaften und Professor der Theorie der schönen Künste. Moritz starb, das 37. Lebensjahr noch nicht vollendet, an Tbc.

Einer seiner Schüler war der Naturforscher Alexander von Humboldt (1769–1859), der jüngere Bruder Wilhelm von Humboldts. Kein Berliner Gelehrter genoss im frühen 19. Jahrhunderts eine solche Popularität wie er. Mit den Ergebnissen seiner Forschungsreise durch Amerika, niedergelegt in den Bänden der »Voyage aux régions équinoxiales du nouveau continent, 1799–1804«, hatte er Weltruf erlangt.

1842 übersiedelte der »Freiherr, Kgl. Kammerherr, wirkl. Geh. Rath, Mitglied des Staatsraths u. d. Akademie der Wissenschaften« von der Friedrichswerderschen Rosenstraße 3 in die Oranienburger Straße 67. Das Anwesen gehörte dem Bankier Leo Rieß, später dem Bankier Alexander Mendelssohn, mit dem Humboldt eine enge Freundschaft verband. Die Wohn- und Arbeitsräume des Forschers befanden sich im Hinterhaus des Grundstücks, dem sogenannten Gartenhaus. Tagsüber den Verpflichtungen bei Hofe nachgehend, arbeitete er hier – meist von Mitternacht bis in die frühen Morgenstunden – an seinem wissenschaftlichen Vermächtnis, dem fünfbändigen Werk »Kosmos«. Eine Gedenktafel am heutigen Gebäude erinnert an den Wohnsitz des Universalgelehrten, der nicht nur neue Wissenschaftsdisziplinen, darunter die Hochgebirgsforschung und die thematische Kartografie initiierte, sondern auch Berlins Entwicklung zu einer weltweit anerkannten Wissenschaftsmetropole mitprägte.

Mit Leopold Zunz und Abraham Geiger besaß die Spandauer Vorstadt im 19. Jahrhundert zwei weitere große Gelehrte.

Leopold Zunz (1794–1886), in Detmold geboren, hatte als einer der ersten Juden das Wolfenbütteler Gymnasium absolviert. 1815 schrieb er sich als Student an der Berliner Universität ein und promovierte sechs Jahre später an der Universität Halle/Sa. Mit seiner 1832 veröffentlichten Schrift »Die gottesdienstlichen Vorträge der Juden, historisch betrachtet« suchte er als einer der ersten Religionsgelehrten die jüdische Theologie auf eine wissenschaftliche Grundlage zu stellen. 1826–30 leitete er in Berlin die Jüdische Gemeindeschule und 1840–50 das jüdische Lehrerseminar. Seit den 1840er Jahren öffnete er sich mehr und mehr demokratischen Ideen und engagierte sich fortan auch in der Politik.

Von der Alexanderstraße zog Zunz 1857 in die Auguststraße 60. Eine Wohnung, die er bis zum Tode inne behalten sollte. Der bekennende Opernliebhaber schätzte besonders, dass er es von hier aus nicht weit zur Königlichen Hofoper Unter den Linden hatte. In dem Haus Ecke Koppenplatz (heute Neubau) entstanden wichtige Arbeiten, darunter die 1865 erschienene »Literaturgeschichte der synagogalen Poesie«. In den Jahren 1875/76 brachte der Nestor der Wissenschaft des Judentums seine »Gesammelten Schriften« heraus.

Einen regen Austausch mit ihm pflegte der sechzehn Jahre jüngere Abraham Geiger (1810–1874). In Frankfurt a. M. geboren, studierte er in Heidelberg und Bonn. 1832 wurde er als Rabbiner in Wiesbaden angestellt. Nach Stationen in Breslau und seiner

Geburtsstadt folgte er 1870 dem Ruf in die preußische Hauptstadt, wo er die Hochschule für die Wissenschaft des Judentums mitbegründete und zwei Jahre später auch einen Lehrauftrag übernahm. In seinen beiden letzten Lebensjahren wohnte Geiger im zweiten Stock des Hinterhauses Rosenthaler Straße 40. Es gehörte zu den Vorgängerbauten der Hackeschen Höfe.

Seit 1862 gab Geiger die »Jüdische Zeitschrift für Wissenschaft und Leben« heraus. Als Wissenschaftsautor machte er sich mit Arbeiten wie »Urschrift und Übersetzungen der Bibel in ihrer Abhängigkeit von der inneren Entwicklung des Judentums« sowie der mehrbändigen »Geschichte des Judentums« einen weithin geachteten Namen.

Gleichfalls im Haus der Rosenthaler Straße 40 wohnte eine Zeitlang sein Sohn Ludwig Geiger (1848–1919). Nach dem Studium der Geschichte und Literaturgeschichte in Heidelberg, Göttingen und Bonn habilitierte er sich an der Berliner Universität, wo er zunächst als Privatdozent und ab 1880 als außerordentlicher Professor wirkte. Der vielseitig interessierte Gelehrte beschäftigte sich sowohl mit der Geschichte des Judentums (»Geschichte der Juden in Berlin«) als auch mit der Kultur der Renaissance (»Renaissance und Humanismus in Italien und Deutschland«). Vor allem bekannt wurde er jedoch als Goethe-Forscher. Ab 1880 gab er das Goethe-Jahrbuch heraus, das zum publizistischen Organ der Goethe-Gesellschaft avancierte. 1908 erschien sein Buch »Goethe und die Seinen« und ein Jahr später »Goethes Leben und Schaffen«. Wie sein Vater Verfechter des Reformjudentums, verfasste er über diesen die Monographie »Abraham Geiger – Leben und Lebenswerk«.

Schräg gegenüber dem Humboldtschen Haus, Oranienburger Straße 33, lebte in den 1840er Jahren Emilie Rouanet-Kummer (1824–1902). Als Ehefrau des großen Romanciers Theodor Fontane (1819–1898) ist sie im Gedächtnis geblieben, doch war sie mehr als nur die Gattin und Hausfrau, die ihrem Mann den Rücken freihielt. Sie war erste Leserin und Kritikerin, sie war ihm lebenslang Beraterin und schrieb nicht zuletzt seine schier unleserlichen Manuskripte ins Reine.

Verlobt hatten sich beide am 8. Dezember 1845 auf der Weidendammer Brücke. Auf dem Weg bis zu ihrem Haus in der Oranienburger Straße wurde gescherzt und gelacht, sodass Fontane an der Haustür Zweifel kamen, ob das einander gegebene Versprechen tatsächlich galt: »Mir persönlich stand dies fest. Weil sich aber die dabei gesprochenen Worte von manchen früher gesprochenen nicht sehr wesentlich unterschieden, so nahm ich plötzlich, von einer kleinen Angst erfaßt, zum Abschiede noch einmal die Hand des Fräuleins und sagte ihr mit einer mir sonst fremden Herzlichkeit: ›Wir sind aber nun *wirklich* verlobt.«

Ihre Bekanntschaft reichte bereits zehn Jahre zurück, als sie in der Großen Hamburger Straße 30 gewohnt hatten. Die damals 11-Jährige als Adoptivkind bei Kommissionrat Karl Wilhelm Kummer, der 16-Jährige als Schüler bei Onkel August Fontane und dessen Frau Philippine. Anstelle der Mietskaserne entstanden 1905 in der Großen Hamburger Straße 30–31 die Wohnhäuser der Sophiengemeinde.

Ein erfolgreicher Schriftsteller war der heute weitgehend vergessene Adolph Streckfuß (1823–1895). Der studierte Landwirt und radikale Demokrat hatte im Vormärz mit politischen Schriften auf sich aufmerksam gemacht, die ihm allerdings eine Laufbahn im Staatsdienst verbauten. Gegen sein 1851 erschienenes Buch »Die große Französische Revolution und die Schreckensherrschaft« wurde wegen der Anspielungen auf die politischen Verhältnisse in Preußen sogar Anklage erhoben. Obwohl freigesprochen, gab er die Schriftstellerei zeitweilig auf und eröffnete eine Tabakhandlung in der Leipziger Straße. Auch das durfte als Eintreten für die Demokratie gewertet werden, hatte doch erst die 1848er-Revolution die Aufhebung des Rauchverbots in der Öffentlichkeit erstritten. Das Tabakgeschäft lief offenbar so gut, dass er in den folgenden Jahren mehrere Filialen eröffnete und schließlich ein Haus in der Linienstraße 100 erwarb. Es diente ihm und seiner Familie fortan als Wohnsitz und hat sich erhalten. In den Ladenräumen ist heute das »Sonnenhaus«, die alteingesessene katholische Buchhandlung des Viertels, untergebracht.

Nach der Abdankung von König Friedrich Wilhelm IV. und dem unter Wilhelm I. und seinem Ministerpräsidenten Bismarck eingeleiteten politischen Tauwetterperiode trat Streckfuß auch wieder schriftstellerisch und publizistisch hervor. Neben Romanen und Erzählungen verfasste er vielgelesene Schriften zur Lokalgeschichte, so das Buch »Vom Fischerdorf zur Weltstadt. 500 Jahre Berliner Geschichte« oder das vierbändige Werk »Berlin im 19. Jahrhundert.«. 1862 wurde der ehemals Verfemte in die Stadtverordnetenversammlung gewählt und nach Berlins Erhebung zur Reichshauptstadt zum Stadtrat ernannt.

Der soziale Absturz des Viertels ab der Mitte des 19. Jahrhunderts trug dazu bei, dass sich in den Jahrzehnten danach nur noch selten Kulturschaffende und Wissenschaftler in der Spandauer Vorstadt niederließen. Und wenn doch – wie im Fall des jungen, mittellosen Bildhauers Gerhart Hauptmann (1862–1946) – waren es die billigen Mieten, die den Zuzug bedingten.

Der gebürtige Schlesier kam nach einem Rom-Aufenthalt und Studien an der Dresdener Kunstakademie 1884 in die Reichshauptstadt, um Schauspielunterricht zu nehmen, und fand gemeinsam mit einem Freund eine Unterkunft in der Kleinen Rosenthaler Straße. In seiner Autobiografie »Das Abenteuer meiner Jugend« heißt es: »Wir hatten Zimmer im ersten Stock und blickten auf einen Kirchhof hinaus.« Mit dem Kirchhof ist der Alte Garnisonfriedhof gemeint, auf dem Persönlichkeiten wie der Schriftsteller Friedrich de la Motte Fouqué (1777–1843) oder der Freikorpsführer und Generalmajor Adolph von Lützow (1782–1834) ruhen.

Linienstraße 100

In Berlin und unter dem Eindruck der Werke Ibsens wandte sich Hauptmann zusehends der Literatur zu. 1887 erschien seine Novelle »Bahnwärter Thiel«. Weltruhm sollte er indes nicht als Erzähler, sondern als Dramatiker erringen. Die 1889 erfolgte Uraufführung des Dramas »Vor Sonnenaufgang«, die einen Theaterskandal verursachte, brachte ihm den Durchbruch. Vier Jahre später wurde sein sozialkritisches Stück »Die Weber« uraufgeführt, mit dem er seinen Ruf als bedeutendster deutschsprachiger Dramatiker der Gegenwart endgültig festigte. 1912 erhielt er nach Theodor Mommsen, Rudolf Eucken und Paul Heyse als vierter Deutscher den Nobelpreis für Literatur.

Gleichfalls als Student fand der Japaner Mori Ogai (1862–1922) eine Unterkunft im Viertel. Am 1. April 1888 trug er in sein »Deutschlandtagebuch« ein: »Ich bin umgezogen, und zwar in ein Zimmer im dritten Stock in der *Großen Präsidentenstraße* Nr. 10 an einer Ecke am *Haacke'schen Markt*.«

Er war nach Deutschland gekommen, um sein Medizinstudium fortzusetzen und wurde später der höchste Militärarzt Japans. Im Gedächtnis der Welt ist er aber als Schriftsteller geblieben. Nach seiner Rückkehr schrieb er die Erzählung »Das Ballettmädchen«, die 1890 erschien und ihn mit einem Schlag berühmt machte. In der in Berlin angesiedelten und autobiografische Züge tragenden Novelle hatte er erstmals in der japanischen Literatur die Ich-Erzählform verwendet. Mori Ogai, der als Neuerer der Literatur seines Heimatlandes gilt, hinterließ ein vielgestaltiges Oeuvre, das Gedichte, Erzählungen, Romane und Essays umfasst. Daneben trat er als Übersetzer von Werken Goethes, E. T. A. Hoffmanns und Heinrich von Kleists hervor.

Einer der herausragenden politischen Publizisten der Weimarer Republik war Georg Bernhard (1875–1944). Nach einer Banklehre hatte er ab 1899 begonnen, als Wirtschaftsjournalist zu arbeiten. Von 1914 bis 1930 leitete er, anfangs als zweiter, dann alleiniger Chefredakteur, die liberale Vossische Zeitung, im Volksmund »Tante Voß« oder die »Voßin« genannt, die auf eine lange Tradition und Beiträger wie Gotthold Ephraim Lessing oder Theodor Fontane zurückblicken konnte. 1928–1930 saß Bernhard für die Deutsche Demokratische Partei (DDP) im Reichstag. 1933 musste der entschiedene Nazi-Gegner Deutschland verlassen. Er starb im New Yorker Exil.

Bernhard entstammte einer wohlhabenden jüdischen Kaufmannsfamilie und wurde in der Luisenstädtischen Ritterstraße 87 geboren. Im Haus, das dem Großvater gehörte, betrieb sein Vater, Ferdinand Bernhard, eine Getreidehandlung. Am Spittelmarkt und in der Wallner-Theater-Straße, nahe dem Alexanderplatz, wuchs er auf. Nach der Trennung der Eltern lebte er bei der Mutter, Helene Bernhard, geb. Soberski, die mit ihm 1889 in die

Blick vom Alten Garnisonfriedhof zur Kleinen Rosenthaler Straße

Krausnickstraße 23 und später in die schräg gegenüber gelegene Krausnickstraße 1, Ecke Oranienburger Straße zog.

Hier erblickte Alfred Kantorowicz (1899–1979), ebenfalls als Sohn einer Kaufmannsfamilie jüdischer Herkunft, das Licht der Welt. Die Eltern übersiedelten allerdings schon bald nach seiner Geburt in die vornehmere Schöneberger Luitpoldstraße.

Nach Jura-Studium und Promotion arbeitete er ab 1924 für verschiedene Zeitungen und machte sich als Literatur- und Theaterkritiker rasch einen Namen. Er lernte Oskar Maria Graf, Lion Feuchtwanger und Bertolt Brecht kennen, für den er sich besonders einsetzte. 1931 trat er in die Kommunistische Partei ein. Nach dem Machtantritt Hitlers doppelt gefährdet und auf die erste Ausbürgerungsliste gesetzt, floh er nach Paris, wo er ehrenamtlich als Sekretär des »Schutzverbandes Deutscher Schriftsteller im Exil« tätig wurde und sich gemeinsam mit Heinrich Mann um die Bildung einer Volksfront bemühte. Die dortigen Jahre hielt er in seinem Lebensbericht »Exil in Frankreich« fest. Beim Einmarsch der Wehrmacht vom Vichy-Regime interniert, gelang ihm unter abenteuerlichen Umständen, die Anna Seghers in ihrem Roman »Transit« beschreibt, die Flucht in die USA.

Nach dem Zweiten Weltkrieg ließ er sich in Ostberlin nieder und übernahm eine Professur für deutsche Literatur an der Humboldt-Universität. Daneben begründete er die gesamtdeutsche Zeitschrift »Ost und West« und gab die Werke seines Freundes Heinrich Mann heraus. Mit der politischen Entwicklung in der DDR zunehmend unzufriedener, ging Kantorowicz 1957 in die Bundesrepublik. Er starb wenige Monate vor Vollendung des achtzigsten Lebensjahrs in Hamburg.

Frühe Kindheitsjahre verbrachte der als Sohn eines Lehrers geborene Günter Ammon (1918–1995) in der Großen Hamburger 36, ehe die Familie 1927 eine Wohnung in der Karlshorster Rheingoldstraße mietete.

Große Hamburger Straße

Ammon, der als »Begründer der Berliner Schule der Dynamischen Psychiatrie und der Humanstrukturellen Psychoanalyse« gilt, studierte in Greifswald, Wien, Heidelberg und Berlin. Zwischen 1956 und 1965 arbeitete und lehrte er an der renommierten Menninger Clinic and School of Psychiatry in den USA. Die dortigen Behandlungsmethoden führte er weiterentwickelnd in Deutschland ein. Der Begriff »Borderline-Symptom« geht auf ihn zurück. Eine Zeitlang als Dozent an der Freien Universität Berlin tätig, leitete er später das Lehr- und Forschungsinstitut für Dynamische Psychiatrie und Gruppendynamik und wurde Präsident der Deutschen Akademie für Psychoanalyse e.V. Darüber hinaus gründete er die internationale Zeitschrift »Dynamische Psychiatrie/Dynamic Psychiatry«. Eine Gedenktafel am Haus in der Großen Hamburger Straße würdigt das Wirken des bedeutenden Mediziners.

ORTE JÜDISCHER GESCHICHTE, WISSENSCHAFT UND KULTUR

Wolfgang Feyerabend

Ab Mitte des 19. Jahrhunderts entwickelte sich die Spandauer Vorstadt zusehends zu einem Zentrum des Berliner jüdischen Lebens. Innerhalb nur weniger Jahrzehnte entstanden hier religiöse, soziale und wissenschaftliche Einrichtungen, die weit über die preußische Residenz- und spätere deutsche Reichshauptstadt hinaus Bedeutung erlangten. All das erfolgte nicht losgelöst vom Funktionswandel, den das Viertel insgesamt erfuhr. Aus dem einst stillen Vorstadtquartier, längst ins Weichbild Berlins integriert, war ein pulsierender innerstädtischer Bereich geworden, der neben dem tradierten Wohnen und Arbeiten mehr und mehr neue Aufgaben zu übernehmen hatte.

Allerdings besaß die jüdische Gemeinschaft bereits seit dem späten 17. Jahrhundert eine Einrichtung vor dem Spandauer Tor. Es war der 1672 angelegte Alte Jüdische Friedhof an der Oranienburger-, Ecke Große Hamburger Straße. Das Grundstück, etwas mehr als einen halben Hektar groß, hatte Mordechai Model auf eigene Kosten erworben und als Begräbnisplatz zur Verfügung gestellt.

Mordechai Model gehörte zu den fünfzig aus Niederösterreich vertriebenen Familien, die durch das kurfürstliche Edikt vom 21. Mai 1671 die Genehmigung erhielten, sich in Berlin anzusiedeln. Das Datum bezeichnet zugleich die Geburtsstunde des modernen jüdischen Lebens, denn seit der Hinrichtung des Münzmeisters Lippold im Jahre 1573 und den damit verbunde-

Grabdenkmal Moses Mendelssohns auf dem Alten Jüdischen Friedhof

nen Vertreibungen hatte es fast einhundert Jahre lang keine Juden mehr in Berlin und der Mark Brandenburg gegeben.

Verwehrt blieb den Neuankömmlingen, anders als den Hugenotten oder den Protestanten aus Böhmen, die Gründung einer Gemeinde und der Bau eines Gotteshauses. So waren der Friedhof und die Beerdigungsbruderschaft zunächst der einzige institutionalisierte Zusammenhang der Berliner Juden. Erst König Friedrich I. gestattete die Errichtung einer Synagoge. Sie entstand 1714 im alten Berlin, unweit des Spandauer Tors, in der Heidereutergasse 4.

Auf dem Alten Jüdischen Friedhof fanden namhafte Persönlichkeiten ihre letzte Ruhestätte, so der Finanzier Friedrichs des Großen Veitel Heine Ephraim (1703–1775), der Münzpächters Daniel Itzig (1725–1799) und dessen Sohn, der Königliche Hofbaurat Isaak Daniel Itzig (1750–1806), der Arzt und Philosoph Markus Herz (1747–1803) und der Bankier Jakob Herz Beer (1769–1825), Vater des Komponisten und späteren Generalmusikdirektors der Königlichen Oper Unter den Linden Giacomo Meyerbeer (1791–1864).

Zu den Itzigschen Nachfahren gehörte der Kriminalrat und Schriftsteller Julius Eduard Hitzig (1780–1849), der die erste Biografie über E. T. A. Hoffmann, mit dem er eng befreundet war, verfasste. Sohn Friedrich Hitzig (1811–1881) wirkte erfolgreich als Architekt und errichtete die erste Berliner Markthalle (alter Friedrichstadtpalast) sowie die Börse, die sich nahe des Hackeschen Marktes befand und im Zweiten Weltkrieg zerstört wurde. In den siebziger Jahren des 19. Jahrhunderts trat Friedrich Hitzig das Amt des Präsidenten der Preußischen Akademie der Künste an. Da sich die Familie taufen ließ, wobei sie den Namen Hitzig annahm, befindet sich das Erbbegräbnis auf dem Dorotheenstädtischen Friedhof an der Chausseestraße.

Markus Herz, zu den herausragenden jüdischen Gelehrten des 18. Jahrhunderts zählend, studierte in Halle/Sa. Medizin und bei Immanuel Kant in Königsberg Philosophie. Neben seiner Tätigkeit als Arzt und Leiter des Jüdischen Hospitals – es befand sich unmittelbar am Friedhof, in der Oranienburger Straße 6–9 – pflegte er philosophische und naturwissenschaftliche Vorträge in seiner Wohnung zu halten, zu denen sich die geistige Welt Berlins versammelte.

Seine Frau Henriette Herz (1764–1847) wurde die erste berühmte Salonière Berlins. Bei den gelehrten, weitgehend von Männern bestimmten Diskussionsabenden, die von ihrem Gatten veranstaltet wurden, begann sich die junge Frau bald zu langweilen und so rang sie ihm die Erlaubnis ab, sich einen eigenen geselligen Kreis schaffen zu dürfen, in dem über Literatur, insbesondere Goethe, gesprochen werden konnte. Wer den Salon der Madam Herz nicht gesehen habe, habe Berlin nicht gesehen, verkündeten bald zeitgenössische Reiseführer. Zu ihren prominenten Gästen zählten Carl Friedrich Zelter, Alexander und Wilhelm von Humboldt, die Brüder Schlegel und Friedrich Schleiermacher. Henriette Herz, die knapp ein Dutzend Sprachen beherrschte und Wilhelm von Humboldt in Hebräisch unterrichtete, war die Tochter von Benjamin de Lemos (1711–1789), Arzt und erster Direktor des Jüdischen Krankenhauses.

Auf dem Alten Jüdischen Friedhof wurde auch der große Philosoph Moses Mendelssohn (1729–1786) beigesetzt. Er entstammte bescheidenen Verhältnissen und kam mit vierzehn Jahren aus Dessau nach Berlin. Unterstützt von Gönnern, studierte er Sprachen, Philosophie und Mathematik. 1750 nahm er eine Hauslehrerstelle bei dem Seidenfabrikanten Isaak Bernhard an, dessen Geschäftspartner er später wurde. Neben der kaufmännischen Tätigkeit, die Mendelssohn ein Leben lang ausübte, schuf er ein umfangreiches religionsphilosophisches Werk, das den Ideen der Aufklärung und dem Geist der Toleranz verpflichtet war.

»Meine Maxime ist, ich lasse mir kein Vergnügen entgehen, das mit irgendeiner Vorstellungsart verbunden ist. Meine Vernunft muss nicht spröde tun und mir die unschuldigen

Vergnügen dieses Lebens verleiden wollen. Die Philosophie soll mich glücklicher machen, als ich ohne dieselbe sein würde, und dieser Bestimmung muss sie treu bleiben. So lange sie eine gute Gesellschafterin ist und mich auf angenehme Weise unterhält, bleib' ich bei ihr. So bald sie vornehme, frostige oder gar saure Gesichter macht und üble Laune bekommt, lass' ich sie allein [...] Ziemlich epikurisch werden Sie sagen. Es kann sein! Ich wähle auch aus den Systemen der Weltweisen immer dasjenige, was mich glücklicher und zugleich besser machen kann«, bekannte Moses Mendelssohn in einem Brief.

1767 erschien seine Schrift, »Phädon oder Über die Unsterblichkeit der Seele«, die ihn in Europa bekannt machte. Als Schatzmeister und Repräsentant der Jüdischen Gemeinde befasste er sich aber auch ganz praktisch mit der Verbesserung des Lebensalltags der Juden. Auf ihn ging die Initiative zur Gründung der Jüdischen Freyschule zurück, in der nunmehr auch Kindern aus ärmeren Familien die Gelegenheit geboten wurde, sich eine umfassende Bildung anzueignen. Von der Preußischen Akademie der Wissenschaften zum Mitglied gewählt, verweigerte König Friedrich II. die Aufnahme Moses Mendelssohns. Dem mutigen Eintreten seines Freundes für die Gleichberechtigung der Religionen und die Rechte der Juden setzte Gotthold Ephraim Lessing mit der Figur des weisen Nathan ein literarisches Denkmal.

Bis zum 24. Juni 1827 fanden auf dem Alten Jüdischen Friedhof Beisetzungen statt. Dann erwarb die Gemeinde ein Gelände an der Schönhauser Allee. Obwohl von diesem Zeitpunkt an nicht mehr benutzt, blieb der Begräbnisplatz nach jüdischer Tradition erhalten. 1872 waren noch 2767 Grabstätten nachweisbar. Auf Befehl der Gestapo wurden in den Kriegsjahren die Grabmäler entfernt, später Splittergräben gezogen und ein Teil der Grabsteine für Schanzarbeiten verwendet. Schließlich fanden hier auch gefallene deutsche und russische Soldaten sowie zivile Bombenopfer ihre letzte Ruhe. Zu DDR-Zeiten wurde über den

Figurengruppe des Bildhauers Will Lammert,
Große Hamburger Straße 26

Begräbnisplatz eine Grünanlage angelegt. In den Jahren 2007–08 erfolgte aus Mitteln des Berliner Senats und der Jüdischen Gemeinde eine Neugestaltung des Areals, die wieder an dessen ursprüngliche Bestimmung erinnert und dem Ort seine Würde zurückgab.

1844 entstand in der Großen Hamburger Straße 26, am Zugang zum Friedhof, ein Neubau für die fünfzehn Jahre zuvor gegründete und zunächst in der Oranienburger Straße 8 untergebrachte erste Altersversorgungsanstalt der Jüdischen Gemeinde. Die Gestapo ließ das Haus 1942 zum Gefängnis umbauen, um es als »Judenlager« zu nutzen. Auf dem Grundstück des noch kurz vor Kriegsende zerstörten Gebäudes erinnern eine Gedenktafel und die Figurengruppe des Bildhauers Will Lammert daran, dass von hier aus und weiteren Sammelstellen mehr als 55.000 Berliner Juden deportiert wurden. Nur wenige der Menschen überlebten die Vernichtungslager. Bei der Neugestaltung des Geländes sind zusätzlich die Fundamente des Hauses dokumentierend markiert worden.

In der Großen Hamburger Straße 27 errichtete Gemeindebaumeister Johann Hoeniger 1905/06 das Gebäude für die »Knabenschule der Jüdischen Gemeinde«. Die Inschrift über dem Rundportal überdauerte die Nazi-Zeit. Ihre Vorläuferin hatte die Knabenschule in der 1778 gegründeten Jüdischen Freyschule, die von Daniel Itzig – auf Anregung Moses Mendelssohns – ins Leben gerufen wurde und bis 1826 bestand. David Friedländer und Isaak Daniel Itzig gehörten zu denen, die sich mit finanziellen Zuwendungen beteiligten. Die Knabenschule befand sich ursprünglich in der Rosenstraße 12.

Am 11. März 1942 wurde die Schule auf Betreiben des Reichssicherheitshauptamts geräumt und am 30. Juni 1942 geschlossen. Zusammen mit dem Altersheim diente die traditionsreiche pädagogische Einrichtung fortan als Deportationssammelstelle. Zu DDR-Zeiten war in dem Gebäude eine Berufsschule untergebracht. Seit 1992 als Grundschule der Jüdischen Gemeinde genutzt, kamen ein Jahr später zusätzlich eine Realschule und das heutige Moses-Mendelssohn-Gymnasium hinzu.

Eine Gedenktafel, die der Bildhauer Gerhard Thieme schuf, wurde 1983 an der Fassade des Schulgebäudes angebracht. Neben dem Porträtrelief von Moses Mendelssohn finden sich die berühmten Worte des Philosophen: »Nach Wahrheit forschen, Schönheit lieben, Gutes wollen, das Beste tun.« Die Tafel wurde von dem Schriftsteller Heinz Knobloch angeregt. Bis zur Zerstörung durch SA-Leute hatte von 1909 bis 1941 eine von Ludwig Marcuse geschaffene Büste Moses Mendelssohns im Vorgarten der Schule gestanden.

Gleich gegenüber, auf den Grundstücken Große Hamburger Straße 15–16, lässt sich »The Missing House« entdecken. Im Zweiten Weltkrieg war das Quergebäude der 1911 erbauten

Wohnanlage zerstört und später abgetragen worden. Innerhalb des Berlin weiten Projekts »Die Endlichkeit der Freiheit« brachte 1990 der französische Künstler Christian Boltanski an den Brandmauern der stehen gebliebenen Gebäude Tafeln mit den Namen, Berufen und Wohndaten ehemaliger Mieter an, um an Krieg, Gewalt und Deportation zu erinnern. Einige der Mieter waren, wie Boltanskis Recherchen ergaben, jüdischer Abstammung gewesen. Die schlichte, aber eindrucksvolle Installation, eigentlich als temporäres Mahnmal gedacht, fand so viel Aufmerksamkeit und Zustimmung, dass die Tafeln nach der Sanierung des Gebäudekomplexes wieder angebracht wurden.

Eine weitere wichtige Einrichtung im Viertel, die Reform-Synagoge in der Johannisstraße 16, entstand 1854. In ihr war die sonst übliche Trennung nach Geschlechtern aufgehoben, Männer bedurften keiner Kopfbedeckung, und der Hauptgottesdienst fand, wie in den Kirchen, am Sonntagvormittag statt. Die Gründung der Einrichtung war eine Antwort auf den seit langem in der Gemeinde schwelenden Streit über Reformen des Ritus. Dahinter stand der hohe Assimilationsdruck, dem sich die Juden ausgesetzt sahen. »Das Judentum in Deutschland geht unrettbar der Liquidation entgegen, es handelt sich nur noch darum, anständig zu liquidieren«, war noch bis zur Jahrhundertwende eine durchaus verbreitete Meinung, wie der Rabbiner Malwin Warschauer (1871–1955) in seinen Lebenserinnerungen festhielt. »Als erstrebenswertes Ziel galt die ›Reform‹ (Johannisstraße)«, notierte er.

Zweiter Rabbiner an der Reform-Synagoge wurde Ende des 19. Jahrhunderts Wilhelm Klemperer. Der Sohn, Victor Klemperer (1881–1960), seines Zeichens Philologe und während des NS-Regimes des Lehramts an der Technischen Universität in Dresden enthoben, veröffentlichte bereits nach dem Zweiten Weltkrieg das Buch »LTI. Die Sprache des Dritten Reiches«, das in der Auseinandersetzung mit der Nazi-Ideologie nichts von seiner Aktualität eingebüßt hat und bis heute verlegt wird. Seine in den zurückliegen-

den Jahren aus dem Nachlass publizierten Tagebücher, in denen er den alltäglichen Faschismus beschreibt, wurden ein Welterfolg. In der Autobiographie »Curriculum Vitae« erinnert sich Victor Klemperer auch an die Kindheits- und Jugendjahre in Berlin:

»Aber nun wurde ich als Konfirmand zum regelmäßigen Besuch des Sonntagsgottesdienstes angehalten und folgte ihm zum ersten Mal mit Aufmerksamkeit. Er erschütterte mich nicht gerade, aber er missfiel mir doch keineswegs wie der Bromberger Kult. Die deutschen Gebete waren einfach und wurden einfach vorgelesen, es gab keinen peinlichen Singsang, kein hässliches Wiegen der Oberkörper. Sehr schöne Musik, Orgel und Chor, Männer- und Frauensoli gleich gepflegt, war reichlich vorhanden; das Ganze dauerte nicht länger als anderthalb Stunden, und die Predigt im Mittelpunkt (nie über mehr als dreißig Minuten ausgedehnt) war mir durchaus nicht langweilig.«

Das Gotteshaus wurde in der Pogromnacht am 9. November 1938 von SA-Leuten verwüstet und bei den Bombenangriffen im Zweiten Weltkrieg zerstört.

Die Debatte um den Ritus, aber auch die Märzrevolution von 1848 und deren Nachwirkungen sowie die Suche nach einem passenden Grundstück verzögerten lange den Neubau einer großen Synagoge. Als 1856 endlich ein geeigneter Bauplatz in der Oranienburger Straße 30 gefunden war, entsprang diese Standortwahl keinem Zufall. Mit den Einrichtungen, die es hier bereits gab, zogen auch mehr und mehr Menschen jüdischen Glaubens ins Viertel.

Nach Plänen von Eduard Knoblauch, der bereits das alte Gotteshaus in der Heidereutergasse umgebaut hatte, wurde die Neue Synagoge von 1859 bis 1866 errichtet. Fast gleichzeitig entstand, ebenfalls nach Plänen Knoblauchs, das neue Gemeindekrankenhaus an der Auguststraße 14–16.

»The Missing House«

Es konnte bereits 1860 eingeweiht werden. Die Fertigstellung der Neuen Synagoge hingegen wurde durch die Erkrankung Knoblauchs und die Übernahme der Planungsleitung durch Friedrich August Stüler sowie die Kriegsereignisse von 1864 und 1866 (Krieg gegen Dänemark bzw. Österreich) verzögert.

In einem Artikel beschrieb 1865 der Redakteur der Kreuzzeitung, Theodor Fontane, seinen Lesern die im Bau befindliche Synagoge: »Die neue Synagoge schreitet mehr und mehr ihrer Vollendung entgegen. Wer sich für die architektonischen Dinge interessiert, für die Lösung *neuer*, schwieriger Aufgaben innerhalb der Baukunst, dem empfehlen wir einen Besuch dieses reichen jüdischen Gotteshauses, das an Pracht und Großartigkeit der Verhältnisse alles weit in den Schatten stellt, was die *christlichen Kirchen* unserer Hauptstadt aufzuweisen haben. Übrigens sind es *christliche* Baumeister, die sich der Aufgabe unterzogen, diesen schwierigen Bau zu *denken* und auszuführen. Der Grundplan rührt vom Baurat Knoblauch her, nach dessen Erkrankung der Geheime Oberbaurat Stüler die weitere Durchführung übernahm. Von ihm, wenn wir nicht irren, rühren unter anderem die *Farben*angaben her, die bei einem Bau, der in seinem Innern so bunt ist wie ein türkischer Teppich, von höchster Bedeutung für die Gesamtwirkung waren. Die technische Ausführung geschieht unter Superintendenz des Baumeisters Hähnel. – Handelt es sich darum, den Bau zu klassifizieren, so bezeichnet man ihn vielleicht am besten als eine Basilika mit *maurischen* Details und Ornamenten. Das Weite, Hallenartige der Grundanlage, das hohe Mittelschiff mit der Apsis (und innerhalb derselben der turmartige gekuppelte ›Oron‹, in dem die Gesetzesrolle aufbewahrt wird), das sind die Züge, die in dem Moment des Eintretens den Eindruck einer *Basilika* hervorrufen [...]«

Neue Synagoge, Oranienburger Str. 30

Fontanes Betonung der christlichen Baumeister sollte ganz offensichtlich jene national und judenfeindlich gestimmten Kreise beschwichtigen, denen die gesamte Richtung nicht passte. Mit dem Erlass vom 11. März 1812 waren den in Preußen lebenden Juden staatsbürgerliche Rechte zuerkannt worden. Obwohl dies noch keine völlige Gleichstellung bedeutete – sie wurde erst 1869 gewährt –, entfaltete sich das Gemeindeleben, und auch der jüdische Bevölkerungsanteil wuchs. Schon Mitte des 19. Jahrhunderts besaß Berlin eine der größten Jüdischen Gemeinden Deutschlands.

Während des Pogroms 1938 schändeten SA-Männer die Neue Synagoge und versuchten sie, in Brand zu setzen. Vermutlich nur durch das mutige Eingreifen des Polizeioffiziers Wilhelm Krützfeld vom Revier am Hackeschen Markt konnte die Zerstörung abgewendet werden. An den »beherzten Reviervorsteher« erinnert am Neubau neben der Synagoge eine Gedenktafel.

Schließung und Zweckentfremdung des Hauses (im Krieg wurden hier u. a. Heeresuniformen gelagert) ließen sich leider nicht aufhalten. 1943, bei einem der Bombenangriffe auf die Stadt, erlitt das Gebäude schwere Schäden. Die hofseitige Ruine des Gottesdienstraumes wurde in den 1950er Jahren abgeräumt. Die Wiederherstellung des zerstörten, aber stehen gebliebenen Eingangsbereiches begann 1988. Am 7. Mai 1995 wurde das (fragmentarische) Bauwerk als Sitz der Stiftung Centrum Judaicum sowie als Museum und Begegnungsstätte eingeweiht. In kleinerem Rahmen finden seitdem auch wieder Gottesdienste statt.

Von Anfang an hatte – mit Orgelmusik, einem aus Frauen und Männern bestehendem Chor sowie teilweise in deutscher Sprache gehaltenen Gottesdiensten – auch hier ein reformierter Ritus Einzug gehalten. Obgleich die Veränderungen behutsamer vorgenommen wurden als in der Reform-Synagoge, gab es dennoch unter einer Vielzahl von Gläubigen die Sorge, mehr und mehr von den Wurzeln des Judentums abgeschnitten zu werden.

Menschen, die sich durchaus nicht von ihrer christlich geprägten Umwelt abwenden, aber doch ihre Traditionen weiterführen wollten. 1869 wurde deshalb Adass Jisroel ins Leben gerufen, eine Gemeinschaft Gleichgesinnter, die 1872 aus der Gemeinde austrat und ab 1885 als Israelitische Synagogengemeinde Adass Jisroel die offizielle Zulassung als eigenständige Religionsgemeinschaft erhielt. In der Elsasser Straße 85 (heute Torstraße 146) eröffnete 1909 das Israelitische Krankenheim. Es wurde von der 1890 gegründeten Chewra Kadischa, einer der Gemeinde angehörenden »Heiligen Gesellschaft« betrieben. Mit mehreren Religionsschulen in der Stadt, einem weiteren Gemeindezentrum im Stadtbezirk Tiergarten, mit Realgymnasium und Oberlyzeum nahm Adass Jisroel eine wichtige Stellung im jüdischen Leben Berlins ein.

In der Pogromnacht wurde die Synagoge verwüstet, ein Jahr später die Gemeinde aufgelöst. Die fünfundzwanzigtausend Bände umfassende Bibliothek des Rabbiner-Seminars ging vollständig verloren. Die Ruine des kriegszerstörten Gotteshauses überdauerte bis 1967. Dann erfolgte der Abriss. 1989 konnte die Gemeinde in die erhalten gebliebenen Gebäude wieder einziehen. Eine kleine Synagoge und das rituelle Bad wurden in den neunziger Jahren eingeweiht. Im Vorderhaus befindet sich das Beth Café. Es dient als Treffpunkt der Gemeindemitglieder und steht darüber hinaus allen Gästen offen.

Zunächst in der Gipsstraße 12a befindlich, hatte die Gemeinde 1904 ein neues, größeres Haus in der Artilleriestraße 31 (heute Tucholskystraße 40) bezogen, das nach Plänen Johann Hoenigers errichtet worden war. Zu den Einrichtungen von Adass Jisroel gehörten das Gotteshaus mit dem Ritualbad, die Bachurim-und Talmud-Tora-Schule sowie das Rabbinerseminar. Dieses war 1873 von dem Rabbiner und Religionsgelehrten Esriel Hildesheimer (1820–1899) eröffnet worden, der als einer der Neubegründer der Orthodoxie gilt. Er stammte aus Eisenberg und studierte ab

1840 an der Berliner Universität. Vier Jahre später promovierte er in Halle/Sa. und wurde 1851 Rabbiner in seiner Heimatstadt. 1869 folgte er dem Ruf von Adass Jisroel nach Berlin, wo er bis zu seinem Tod das Rabbinerseminar leitete. Es wurde 1938 durch die NS-Behörden geschlossen.

Von 1870 datierte die Gründung der Hochschule für die Wissenschaft des Judentums. Wenig später begann der Lehrbetrieb in einem Haus An der Spandauer Brücke 8. Nach Fertigstellung des Neubaus durch Johann Hoeniger zog die Einrichtung 1907 in die Artilleriestraße 14 (heute Tucholskystraße 9). Neben der Rabbinerausbildung nahmen von Anfang an Lehr- und Forschungstätigkeit und eine allseitige Vermittlung jüdischen Wissens breiten Raum ein.

»Die Hochschule für jüdische Wissenschaft ist für mich ein Friedensort in dem wilden Berlin und in den wilden Gegenden des Inneren ... Ein ganzes Haus schöne Hörsäle, große Bibliothek, Frieden, gut geheizt, wenig Schüler und alles umsonst. Freilich bin ich kein ordentlicher Hörer, bin nur in der Präparandie und dort nur bei einem Lehrer und bei diesem nur wenig, so dass sich schließlich alle Pracht wieder fast verflüchtigt, aber wenn ich auch kein Schüler bin, die Schule besteht und ist schön und ist im Grunde gar nicht schön, sondern eher merkwürdig bis zum Grotesken und darüber hinaus bis zum unfassbar Zarten (nämlich das Liberalreformerische, das Wissenschaftliche des Ganzen)«, schrieb der Prager Schriftsteller Franz Kafka am 19. Dezember 1923 während seines mehrwöchigen Berlin-Aufenthalts an den Freund Robert Klopstock.

Das Gebäude war auf Kosten Nathan Bernsteins errichtet worden; durch Stiftungen und Spenden wurde die finanzielle Unabhängigkeit gegenüber Staat und Jüdischer Gemeinde gesichert. Auf Anordnung der Berliner Behörden musste die Einrichtung 1883 in Lehranstalt umbenannt werden. 1920 erfolgte die Rückbenennung.

Einer der namhaftesten Professoren war Leo Baeck (1873–1956). Nach dem Studium in Breslau und Berlin übernahm er Rabbinate in verschiedenen Städten und lehrte seit 1919 an der Hochschule für die Wissenschaft des Judentums Religionsgeschichte, Judaistik und Pädagogik. 1933 wurde er Präsident der Reichsvertretung (später Reichsvereinigung) der deutschen Juden. 1943 nach Theresienstadt deportiert – ein Jahr zuvor war die Schließung der Hochschule erfolgt – überlebte er das Konzentrationslager und ging 1945 nach England. Zu seinen wichtigen Schriften zählen »Wesen des Judentums« (1905), »Wege im Judentum« (1933) und »Dieses Volk« (1954).

In den 1920er Jahren öffnete sich die Hochschule auch Frauen. Zu ihnen zählte Regina Jonas (1902–1944). Sie studierte von 1924 bis 1930. In ihrer Abschlussarbeit »Kann die Frau das rabbinische Amt bekleiden?« schrieb sie: »Möge bei aller Treue und Liebe zu unserem Schrifttum und seinen heiligen Vorschriften doch auch nicht vergessen werden, dass der Geist der Freiheit aus ihm spricht. Dieser Geist möge es sein, der für die Frau spricht und auf diese Frage erhellend wirkt […] Außer Vorurteil und Ungewohntsein steht […] fast nichts dem Bekleiden des rabbinischen Amtes seitens der Frau entgegen. So möge auch sie in einer solchen Tätigkeit jüdisches Leben und jüdische Religiosität um ihrer selbst willen in kommenden Geschlechtern fördern.«

Regina Jonas war zunächst, weil eine erste Ordination scheiterte, als Religionslehrerin an Berliner Schulen tätig. 1935 wurde sie im Rahmen einer Privatordination in Offenbach zur ersten Rabbinerin der Welt geweiht und erhielt 1937 eine offizielle Anstellung in der Berliner Jüdischen Gemeinde als Religionslehrerin und für die »rabbinisch-seelsorgerische Betreuung«. Erst 1972 erhielt in Cincinatti, mit Sally Priesand, die zweite Frau die Ordination.

In der Lothringer Straße (heute Torstraße) am Rande des Viertels geboren, wohnte Regina Jonas mit ihrer Mutter zuletzt in der Krausnickstraße 6. Sie wurde 1944 in Auschwitz ermordet. An dem heutigen Neubau, der sich an der Stelle des kriegszerstörten Vorgängerhauses befindet, wurde 2001 für sie eine Gedenktafel angebracht.

Das einstige Gebäude der Hochschule für die Wissenschaft des Judentums, Ende der 1990er Jahre saniert, trägt heute den Namen von Leo Baeck und ist Sitz des von Bonn nach Berlin umgezogenen Zentralrats der Juden in Deutschland.

Anfang 20. Jahrhunderts siedelten sich nahe der Neuen Synagoge weitere Einrichtungen der Jüdischen Gemeinde an. Auf dem Grundstück Oranienburger Straße 28 erbaute Johann Hoeniger das Verwaltungsgebäude der Jüdischen Gemeinde. Untergebracht waren im Haus das Gesamtarchiv der deutschen Juden, die Hauptverwaltung und Hauptbibliothek sowie die Freie Jüdische Volkshochschule. Nach dem Zweiten Weltkrieg begann von hier aus der Wiederaufbau der Berliner Gemeinde. Seit 1998 befindet sich hier das Büro des Vorsitzenden und des Vorstands der Jüdischen Gemeinde zu Berlin. Im benachbarten Neubau, Oranienburger Straße 29, sind Büro- und Archivräume des Centrum Judaicum untergebracht

Das von Bertha und Moritz Mannheimer gestiftete Haus Oranienburger Straße 31 diente ursprünglich als Jüdisches Hospital, später Siechenheim. Von Gemeindebaumeister Alexander Beer umgebaut, öffnete am 24. Januar 1933 in den Räumen das Berliner Jüdische Museum seine Pforten. Im Februar 1936 fand nach dem Tod des Malers Max Liebermann die legendäre Gedächtnisausstellung statt, die 1997 in einem Ausstellungsprojekt im Centrum Judaicum rekonstruiert wurde. Nach dem Novemberpogrom von 1938 musste das Museum schließen. Die wert-

Gebäude des Zentralrats der Juden in Deutschland, Tucholskystraße 9

vollen Bestände gingen verloren. Das heutige Jüdische Museum Berlin befindet sich in der Kreuzberger Lindenstraße.

Das Jüdische Krankenhaus in der Auguststraße 14–16 wurde 1914 in die Weddinger Exerzierstraße (heute Iranische Straße) verlegt. In die leerstehenden Gebäude zogen in der Folge zahlreiche sowohl private als auch der Gemeinde angehörende karitative Einrichtungen ein, darunter das Mädchenheim des Jüdischen Frauenbundes, die Tagesstätte für Säuglinge, der Kindergarten des Wohlfahrtsamtes und das Kinderheim Ahawah. Im Februar 1943, während der sogenannten Fabrikaktion, wurden diese Kinder deportiert. »Und eines Tages standen da die Mütter mit den leeren Kinderwagen, die Kinder waren weggeholt worden, zusammen mit den Pflegeschwestern. Die Mütter haben stundenlang geheult und wollten nicht gehen«, schreibt die Berliner Autorin Regina Scheer in ihrem aufrüttelnden Buch »Ahawah. Das vergessene Haus. Spurensuche in der Berliner Auguststraße«. Eine Gedenktafel am Eingang des Hauses erinnert an die Ereignisse.

Nebenan, Auguststraße 11–13, steht die ehemalige Mädchen-Volksschule der Jüdischen Gemeinde. 1927/28 von Alexander Beer im Stil der Neuen Sachlichkeit erbaut, wurde sie 1930 bezogen. Das von den NS-Behörden 1942 verfügte Verbot, jüdische Kinder zu unterrichten, bedeutete das Ende auch dieser Lehranstalt.

Außer den genannten Institutionen gab es in der Spandauer Vorstadt zahlreiche private Einrichtungen, die sich einerseits der Pflege religiöser Traditionen und andererseits den unmittelbaren sozialen Belangen verpflichtet fühlten. In der Gipsstraße 11 befand sich zeitweilig die Privatsynagoge Mogen David, und in der Kleinen Auguststraße 10 stand das Gotteshaus des Vereins Ahawas Scholaum, das in der Pogromnacht angezündet wurde. In der Gipsstraße 3 hatten der Israelitische Volkskindergarten und der Kinderhort ihren Sitz. Im Hause wohnten, darauf verweist eine Gedenktafel, Sala und Martin Kochmann in den dreißiger Jahren. Sie waren Mitglieder der jüdischen Widerstandsgruppe Herbert Baum.

Anfang Mai 1942 wurde, organisiert von der Reichspropagandaleitung der NSDAP, die hetzerische Ausstellung »Das Sowjetparadies« eröffnet. Den Anstoß dazu hatte Goebbels gegeben, als die deutschen Truppen an der Ostfront die ersten militärischen Niederlagen einstecken mussten. Am 18. Mai verübte die Baum-Gruppe einen Brandanschlag auf die im Lustgarten aufgebauten Zelte der Ausstellung. Da die Feuerwehr gleich zur Stelle war, entstand nur geringer Sachschaden. Menschen kamen nicht zu Schaden. Umso grausamer aber war die Reaktion des NS-Regimes. Am 27. Mai meldete die Gestapo ihren ersten Fahndungserfolg, die Verhaftung von Herbert Baum. Im Laufe der nächsten Tage und Wochen gingen auch die anderen Mitglieder den Häschern ins Netz. Herbert Baum nahm sich, um weiteren Verhören und Folterungen zu entgehen, am 11. Juni das Leben. Gegen Sala Kochmann, die ebenfalls einen Selbstmordversuch während der Haft unternahm und deshalb auf einer Tragbahre zum Prozess transportiert werden musste, sprach das Sondergericht am 16. Juli das Todesurteil, vollstreckt am 18. August, aus. Martin Kochmann wurde am 29. Juni 1943 vor dem 2. Senat des Volksgerichtshofes »wegen Vorbereitung zum Hochverrat« zum Tode verurteilt. Das genaue Datum seiner Hinrichtung steht nicht fest, da die entsprechenden Akten fehlen. Die »Freigabe seiner Leiche« erfolgte am 23. Juli 1943.

Innerhalb Deutschlands blieben Herbert Baum und seine Mitstreiter eine der wenigen jüdischen Widerstandgruppen. In einem Beitrag für das von Arno Lustiger herausgegebene Buch »Zum Kampf auf Leben und Tod! Vom Widerstand der Juden 1933–1945« nennt Arnold Paucker mehrere Gründe dafür, der entscheidende war sicherlich, dass die »jüdische Gemeinschaft [...] völlig isoliert und gänzlich wehrlos« war. »In dieser Beziehung nahm sie eine Sonderstellung ein, mit der keine ›deutsche‹ Gruppe konkurrieren konnte. Jüdische Gemeinden waren Gesamtgeiseln für gefügiges Verhalten und mussten später im Krieg für die Handlungen ihrer Jugendlichen büßen [...] Als Vergeltung für den Anschlag auf die Nazi-Propagandaausstellung ›Das Sowjetparadies‹ im Berliner Lustgarten durch die Baum-Gruppe wurden beispielsweise 500 Juden verhaftet, von denen die Hälfte sofort von der SS erschossen und die restlichen 250 später in Sachsenhausen ›liquidiert‹ wurden.«

Am Koppenplatz, nur ein paar Schritte von der Gipsstraße entfernt, erinnert das von dem Bildhauer Karl Biedermann und der Gartenarchitektin Eva Butzmann geschaffene Denkmal »Der verlassene Raum« an die Deportation und Ermordung der Berliner Juden während der Nazi-Zeit.

Vom Widerstand eines Einzelnen, des Unternehmers Otto Weidt (1883–1948), muss ebenfalls berichtet werden. Im Hinterhof der Rosenthaler Straße 39 betrieb er eine Bürstenfabrik, in der er nach Beginn des Krieges blinde jüdische Zwangsarbeiter und -arbeiterinnen beschäftigte, um ihnen dadurch Schutz zu geben. Er bestach offizielle Stellen wie das Arbeitsamt oder die Gestapo. So gelang es, Ausweise und Lebensmittel zu besorgen. In einem hinteren Raum des Werkstattgebäudes versteckte er eine ganze Familie. Und obwohl es ihm, anders als Oskar Schindler, nicht gelang, die meisten seiner Mitarbeiter zu retten, steht sein Einsatz doch für ein Beispiel seltener Zivilcourage in dieser Zeit.

Inge Deutschkron, eine Zeitlang bei Weidt angestellt, hat ihm in ihrem Buch »Ich trug den gelben Stern« ein literarisches Denkmal gesetzt:

»Weidt war etwa 60 Jahre alt und stammte aus kleinen Verhältnissen. Nie hatte er einen ähnlichen Wohlstand erlebt wie in jenen Kriegsjahren, in denen er mit viel Geschick durch »schwarz« hergestellte Waren viel Geld verdiente [...] Er arran-

Hof Rosenthaler Straße 39

gierte gesellige Abende in seinem Büro. Auf dem schwarzen Markt kaufte er Fleisch ein und ließ herrliche Mahlzeiten von der eine Treppe höher wohnenden Portiersfrau, die auch nicht ohne Grund freundlich zu uns war, zubereiten [...] Diese Abende an einer improvisierten Tafel im Büro gehören zu den wenigen schönen Stunden, die mir aus jener Zeit in Erinnerung geblieben sind.«

Auch nach dem Krieg und dem Ende der Nazi-Herrschaft sorgte Weidt mit seinem Vermögen und seiner Tatkraft unter den jüdischen Überlebenden für die Linderung der größten Not.

Träger des Museums »Blindenwerkstatt Otto Weidt« ist die Gedenkstätte Deutscher Widerstand. In der Tordurchfahrt des Vorderhauses wurde außerdem eine Gedenktafel für Otto Weidt in den Boden eingelassen.

Außerdem im Komplex untergebracht sind die von Inge Deutschkron gegründete Gedenkstätte »Stille Helden« und das Anne-Frank-Zentrum Berlin.

KLEINE CHRONIK DES SCHEUNENVIERTELS

Wolfgang Feyerabend

Die Geschichte des Gebietes begann mit dem Erlass einer neuen Feuerordnung am 15. Juli 1672 durch Kurfürst Friedrich Wilhelm. In ihr wurden Berlins Bürger angewiesen, leicht entzündliches Erntematerial vor der Stadt zu lagern. Vor dem Georgentor, das zu den nach dem Dreißigjährigen Krieg errichteten Wallanlagen gehörte, entstand in der Folge ein Scheunen- und Speicherstandort. In seiner »Beschreibung der königlichen Residenzstadt Berlin« von 1786 skizziert Friedrich Nicolai dieses Gelände:

»Aus dem mit der Hirtengasse parallel laufenden Teil der Linienstraße von der Verlornen bis zur Prenzlauer Straße laufen rechts [...] vier kleine Gässchen, welche Kleine Scheunengassen heißen (weil in denselben meistenteils nur Scheunen sind), und zwar [...] die erste, die zweite, die dritte, die vierte Kleine Scheunengasse. (Von ihrem) Ende geht in nicht völlig gerader Richtung ein Gang: die Kleine Scheunenquergasse genannt. Jenseit der Langen Scheunengasse geht: die Kurze Scheunengasse von der Linienstraße bis in die Hirtengasse. Alle diese Gässchen werden auch das *Scheunenfeld* genannt, weil hier 27 Scheunen stehn.«

Die nördliche und südliche Grenze bildeten Linien- bzw. Hirtenstraße; im Osten wurde das Scheunenfeld von der Prenzlauer Straße (heute Karl-Liebknecht-Straße) und im Westen von der Verlornen Straße (Grenadier-, heute Almstadtstraße) be-

Letztes erhaltenes Gebäude des alten Scheunenviertels
Hirtenstraße 4, ehem. Gemeindeschule

grenzt. Das Viertel erstreckte sich damit im Wesentlichen über den heutigen Rosa-Luxemburg-Platz. In den sieben Scheunengassen, in denen nicht nur private, sondern auch Magistratsscheunen standen, begann um 1750 allmählich der Bau von Wohnhäusern. Mit dem Abbruch der alten Fortifikation am späteren Alexanderplatz und der schon in den dreißiger Jahren des 18. Jahrhunderts errichteten Palisadenumwehrung entlang der Circumvallationslinie (Linienstraße) lag das Gebiet nicht mehr außerhalb der Stadt und war damit für die bauliche Erschließung interessant geworden.

In Berlins erstem, von Neander von Petersheiden 1799 herausgegebenem Adressbuch finden sich neben den Scheunen denn auch schon etliche Wohn- und Gewerbebauten im Viertel verzeichnet. Die Ostseite der Vierten Scheunengasse ist zu der Zeit bereits vollständig bebaut und von 1 bis 8 durchnummeriert. Die Häuser entsprachen mit Satteldächern und drei Geschossen denen, die in den benachbarten Stadtteilen entstanden bzw. im Entstehen begriffen waren. Nur das Haus Vierte Scheunengasse 1 verwies in seiner Zweigeschossigkeit noch auf eine vorstädtische Prägung. Aus der Auflistung der Eigentümer und ihrer Berufe ergibt sich folgendes soziales Bild:

- Nr. 1   Höpner, Bierschenker
- Nr. 2   Raube, Seidenwirker
- Nr. 3   Klein, Raschmacher (Wollweber)
- Nr. 4   Förster, Tuchmacher
- Nr. 5   Wacker, Tischler
- Nr. 6   Beßmann, Pantoffelmacher
- Nr. 7   Ziegler, Raschmacher
- Nr. 8   Hannemann, Bäcker.

In den anderen Scheunengassen waren ein Strumpffabrikant und ein weiterer Raschmacher sowie zwei Zeugfabrikanten und ein

Spanischer Weber tätig. Auch die Mieterschaft in den Häusern bestand überwiegend aus Webern, Bandmachern, Posamentierern, Seidenwirkern, Tuchbereitern und Tuchmachern. In dem ursprünglich nur der landwirtschaftlichen Nutzung vorbehaltenen Gebiet hatten sich inzwischen textilverarbeitende Betriebe mit ihren Mitarbeitern angesiedelt.

Sie dürften im Kontakt zu den Firmen am Hackeschen Markt, wie der Seidenmouliniermühle am Zwirngraben, der Manufaktur für halbseidene Erzeugnisse Sasse in der Kommandantenstraße (Neue Promenade) oder der Manchester- und Teppichfabrik Hotho am Monbijouplatz gestanden haben. Darüber hinaus waren in der nahen Linienstraße die Flanell-Fabriken Böke bzw. Brehme und in der Münzstraße die zu den ältesten Betrieben ihrer Art in Berlin zählende Wollmanufaktur von Friedrich Wilhelm Petsch ansässig. Weitere Textilverarbeitungsstätten existierten in der Oranienburger Straße sowie in der Wassergasse (Artillerie-, heute Tucholskystraße). Friedrich Nicolai ordnete das Scheunenfeld denn auch dem westlich benachbarten Viertel der Spandauer Vorstadt zu. Später wurde der Stadtteil unter die Verwaltung der östlich benachbarten Königvorstadt gestellt.

In den vierziger bis sechziger Jahren des 19. Jahrhunderts erfolgte die Umbenennung der Gassen:

1. Scheunengasse	= Füsilierstraße
2. Scheunengasse	= Amalienstraße
3. Scheunengasse	= Koblankstraße
4. Scheunengasse	= Weydingerstraße
Lange Scheunengasse	= Kleine Alexanderstraße
Kurze Scheunengasse	= Bartelstraße

Die Kleine Alexanderstraße, an der sich seit 1816 die Kaserne des Kaiser-Alexander-Gardegrenadier-Regiments befand, und die

Koblankstraße wurden im Laufe der Zeit bis zur Münzstraße verlängert. Die Kleine Scheunenquergasse wurde überbaut und verschwand aus dem Stadtbild.

Ab den fünfziger Jahren des 19. Jahrhunderts boten die winzigen Parzellen des inzwischen nicht mehr Scheunenfeld, sondern Scheunenviertel genannten Areals wohl kaum noch Möglichkeiten, die Werk- und Fabrikationsstätten zu erweitern. Mit ihrer allmählichen Abwanderung siedelten sich nach und nach neue Gewerbezweige und neue Wohnmieter an. Baustelleneinrichtungen und Neubauten begannen die Scheunen zu verdrängen, von denen zwei allerdings noch bis in die siebziger Jahre des 19. Jahrhunderts überdauerten. Zusätzlich wurden Umbauten auf den schon bewohnten Parzellen vorgenommen. Aufschluss über die baulichen Aktivitäten gibt ein Blick in die Versicherungsakten der Feuersozietät.

Der Hausbesitz des Seidenwirkers Raube in der Vierten Scheunengasse 2 (Weydingerstraße) wurde erstmals am 5. Juni 1795 taxiert. Drei Versicherungsgegenstände finden sich aufgelistet: das Wohnhaus an der Straße mit drei Etagen, das Stallgebäude im Hof und der Brunnen. Wert des Anwesens: 2.900 Reichstaler. Knapp siebzig Jahr später hat sich das Bild unter dem dritten Eigentümer, dem Schankwirt Daniel Lunow, deutlich verändert. In der praevia taxa von 1862 werden aufgeführt: 1. das Vorderhaus; 2. das Seitengebäude: 3. das Seitengebäude daneben; 4. das Stall- und Abortgebäude im Hofe rechts, die ausgemauerte Grube; 5. das Estaquet; 6. das Klinkerpflaster im Hofe, die Mistgrube mit eiserner Tür; 7. der Brunnen im Hofe mit hölzernem Schwengel; 8. die Gaseinrichtung.

Der Wert des Hausbesitzes stieg auf 6.025 Reichstaler. Die dritte und letzte Eintragung in den Unterlagen wurde am 26. September 1867 vorgenommen. Ein Quergebäude war erbaut und ein Aschkasten mit eisernem Deckel angeschafft worden. Neuer Gesamtwert: 7.150 Reichstaler. Auch die Zusammensetzung der Bewohnerschaft veränderte sich. Handwerker unterschiedlichster Gewerke drängten ins Viertel. Handelsleute und kleine Beamte siedelten sich an. Hatten 1839 im Haus ausschließlich Textilarbeiter, nämlich drei Weber und ein Seidenwirker mit ihren Familien gewohnt, so nennt das Adressbuch von 1863 nun einen Feuerwehrmann, einen Bauer, einen Schuhmacher, einen Weber, einen Tafeldecker, einen Holzhändler und, ohne Angabe des Berufs, eine Witwe. Der Eigentümer residierte ebenfalls noch im Haus. Damit hatte sich die Anzahl derer, die auf dem Grundstück wohnten, verdoppelt.

Das entsprach Tendenzen, die stadtweit zu beobachten waren. Noch wurde Berlin von der Zoll- und Akzisemauer eingeschnürt, gleichzeitig wuchs die Bevölkerung rasant. Bauliche Verdichtung der Grundstücke und Überbelegung der Häuser waren die Folge. Jeder freie Quadratmeter im innerstädtischen Bereich musste notgedrungen genutzt werden.

Die Möglichkeiten weiterer Veränderungen auf dem Grundstück scheinen ab 1867 ausgereizt gewesen zu sein. Zwischen 1871 und 1877, dem Jahr der letzten Eintragung, vermeldet die Versicherungsakte nur noch den raschen, dreimaligen Wechsel der Eigentümer, aber keine neuen baulichen Maßnahmen mehr. Die spekulativen Gründerjahre hatten sich auch dieses Stadtteils bemächtigt.

Auf anderen Parzellen wurden verschiedentlich noch Aus- und Umbauten bis Ende der siebziger Jahre vorgenommen. In der Koblankstraße 15 etwa datieren die letzten Eintragungen von 1873 und in der Kleinen Alexanderstraße 15 von 1879. Dann aber erlahmt schlagartig jede weitere bauliche Tätigkeit. Mit den Planungen für eine die Straße Unter den Linden in Richtung Norden weiterführende Achse war klar geworden, dass das Scheunenviertel oder zumindest ein Teil davon zur Disposition stand.

Nachdem der Architekt August Orth bereits 1871 einen ersten Plan zum Bau der Kaiser-Wilhelm-Straße (Rosa-Luxemburg-

Straße) vorgelegt hatte, wurde das Projekt nach langen Kompetenz- und Planungsstreitigkeiten schließlich im Auftrag der Berliner Handelsgesellschaft unter Federführung des Architekturbüros Cremer & Wolffenstein ab 1884 in Angriff genommen. Der erste bis an die Münzstraße herangeführte Straßenabschnitt konnte 1887 fertiggestellt werden, das zweite bis zur Hirtenstraße, also bis zum Scheunenviertel, reichende Teilstück 1892. Anschließend stockte die Weiterarbeit. Orth hatte bei seinen Planungen eine Straßengabelung vorgesehen, um die Schönhauser wie auch die Prenzlauer Allee zu erreichen. An der Gabelung sollte ein Platz entstehen. Für das Vorhaben wurde fast das gesamte Areal der Scheunengassen benötigt. Aufgrund von Finanzierungsschwierigkeiten kam das Projekt jedoch zum Stocken. Der Abriss des Scheunenviertels wurde noch einmal aufgeschoben, die Häuser ab diesem Zeitpunkt dem Verfall preisgegeben.

So waren, um beim Beispiel Weydingerstraße 2 zu bleiben, die Gebäude bereits 1891 weitgehend entmietet worden. Nur ein Schankwirt und eine vom Eigentümer eingesetzte Verwalterin nutzten noch Räume. Kurz vor dem Komplettabriss des Viertels sind die Wohnungen aber erneut belegt. Das Adressbuch vermeldet zehn Hauptmieter.

Es liegt auf der Hand, dass es für die Hausbesitzer im Scheunenviertel nur noch um die »schnelle Mark« ging. Während auf den Grundstücken dreißig Jahre zuvor letzte bauliche Veränderungen vorgenommen worden waren, wuchs nun, wie in der Weydingerstraße 2, die Bewohnerschaft auf Rekordzahl. Damit konnten nicht nur kurzfristig die Gewinne aus dem Mietzins erhöht, sondern auch gegenüber der Stadt, die den Grundbesitz für den Weiterbau der Kaiser-Wilhelm-Straße benötigte, die Grundstückspreise in die Höhe getrieben werden. Beengte Wohnverhältnisse, eine marode Bausubstanz und schlechte hygienische Bedingungen dürften in diesen letzten Jahren für die Häuser des Viertels kennzeichnend gewesen sein.

Wer es sich leisten konnte, zog weg. Ärmere und ärmste Bevölkerungsschichten rückten nach. Ein Vorgang, wie er sich in Großstädten bis in die Gegenwart hinein wiederholt. Sind keine zahlungskräftigen Mieter zu gewinnen, lassen sich die Wohnungen doch noch zimmer- oder bettweise aufteilen. Anhand der Mieterverzeichnisse ist ein regelrechtes »Verslumen« des Stadtteils zwar nicht nachweisbar. Die soziale Mischung vom kleinen Beamten über den Kürschner bis zum Hausdiener findet sich so auch in den anderen Vierteln der Stadt. Allerdings müssen Untermietverhältnisse mitbedacht werden, die in den Adressbüchern nicht erfasst sind, dazu diese oder jene Witwe, die sich mangels sozialer Absicherung ihren Lebensunterhalt als Prostituierte verdiente oder auch stellungslose Handwerker, die als Kleinkriminelle sich und ihre Familie über Wasser zu halten versuchten.

Über einhundertfünfzig Jahre, die weitaus längste Zeit seines Bestehens, war das Quartier aber weder Problembezirk noch Unterweltviertel. Theodor Fontane, der als Sechzehnjähriger im Café Anthieny an der Alten Schönhauser Straße, Ecke Weinmeisterstraße, nur einen Steinwurf von den Scheunengassen entfernt, zu verkehren pflegte, widmet in seiner Autobiografie »Von Zwanzig bis Dreißig« dem Viertel kein Wort. So unauffällig erschien es ihm. Erst in den letzten Jahren, bis zum 1908 beendeten Abbruch, wird aus dem Quartier »s'dunkle Berlin«, wie es Heinrich Zille in Fotos, Radierungen und Zeichnungen festgehalten hat.

Das abgeräumte Areal des Scheunenviertels erhielt 1907 den Namen Babelsberger Platz und drei Jahre später den Namen Bülowplatz. Namenspate war Reichskanzler Bernhard von Bülow. Ein stadtplanerischer Wille für das Terrain existierte indessen lange Zeit nicht. Billige Markt- und Verkaufsstände siedelten sich an. Auf dem Bülowplatz entstand eine Bretterbudenstadt, in deren Umfeld nachts die Prostitution blühte.

1913 wurde mit dem Bau der Volksbühne ein architektonisches Achtungszeichen auf dem Bülowplatz gesetzt. Den Anstoß

hatte freilich nicht die Kommune, sondern der Verein »Freie Volksbühne« gegeben. Die 1897 neubegründete Besucherorganisation, deren Vorläufer »Freie Volksbühne« und »Neue Freie Volksbühne« 1896 unter Polizeiaufsicht gestellt worden waren und sich daraufhin erst einmal aufgelöst hatten, erwarb Grundstücke am Platz und ließ aus Spendenmittel ihrer Mitglieder das Haus errichten. Für die Planungen wurde der Architekt Oskar Kaufmann gewonnen, der bereits 1907/08 das Hebbel-Theater erbaut hatte. Die Volksbühne, am 30. Dezember 1914 eingeweiht, bot der realistisch-zeitnahen Bühnenkunst ein Forum. Bis zu diesem Zeitpunkt hatte man lediglich Gastrecht in anderen Theaterhäusern der Stadt eingeräumt bekommen. So war Gerhart Hauptmanns sozialkritisches Drama *Die Weber* 1893 noch im Neuen Theater (Theater am Schiffbauerdamm) uraufgeführt worden. In den zwanziger Jahren, von 1924–27 unter der Intendanz von Erwin Piscator, gehörte die Volksbühne zu den führenden Theaterhäusern Deutschlands.

Ende der zwanziger Jahre schließlich wurde die Randbebauung des Bülowplatzes in Angriff genommen. Für die Pläne zeichnete Hans Poelzig verantwortlich. Der ausgedehnteste Block, in dem das Kino Babylon untergebracht ist, erstreckt sich entlang Weydinger-, Hirten- und Kleine Alexanderstraße. Wie auch andere Architekten der Moderne orientierte sich Poelzig nicht an den bestehenden Strukturen, sondern suchte Stadträume zu gestalten, die den neuen Anforderungen gerecht wurden. Die Brache Bülowplatz bot beste Voraussetzungen dafür. Da die Planungen nur teilweise ausgeführt wurden und das Areal im Zweiten Weltkrieg außerdem schwere Schäden erlitt, sind die Poelzigschen Intentionen heute nicht mehr auf den ersten Blick zu erkennen. Als Vergleich kann aber Erich Mendelsohns

Volksbühne am Rosa-Luxemburg-Platz, vorm. Bülowplatz

Kino Babylon

berühmter Woga-Komplex mit der Schaubühne am Lehniner Platz herangezogen werden.

Der Bülowplatz wurde in den späten 1920er und frühen 1930er Jahren immer wieder Ort gewalttätiger politischer Auseinandersetzungen. In dem heutigen Karl-Liebknecht-Haus, Weydingerstraße 14–16 (Bundeszentrale Die Linke), einem vor dem Ersten Weltkrieg erbauten Bürogebäude, hatte seit 1926 das Zentralkomitee der Kommunistischen Partei seinen Sitz.

Straßenkämpfe zwischen Rot-Front-Kämpferbund und SA-Trupps sowie der Polizei waren an der Tagesordnung. Hier wurden auch die beiden Polizisten Paul Anlauf und Franz Lenk erschossen. Der Prozess, in dem sich Ex-Stasi-Chef Erich Mielke auf der Anklagebank wiederfand, machte in den 1990er Jahren Furore.

Im Januar 1933 erlebte der Bülowplatz die letzte Großdemonstration gegen die Machtübernahme Hitlers. Wenig später wurde das Areal in Horst-Wessel-Platz umgetauft und mit Denkmalen für die nazistischen »Vorkämpfer« ausgestattet. Die ergänzende Platzrandbebauung, mit zum Teil noch der architektonischen Moderne verpflichteten Gebäude, erfolgte durch den Architekten Richard Ermisch. Nach dem Zweiten Weltkrieg hieß der Platz zunächst Liebknecht-Platz, ab 1947 Luxemburgplatz und seit 1969 Rosa-Luxemburg-Platz.

Als zwischen 1890 und 1906 die alten Scheunengassenhäuser erst dem Verfall preisgegeben und dann nach jahrelangem Leerstand abermals vermietet wurden, mögen hier und da in den billigen Unterkünften auch mittellose ostjüdische Flüchtlinge untergekommen sein. Die Adressbücher der entsprechenden Jahre geben allerdings darüber keine Auskunft. Eigentlicher Anlaufpunkt dürften freilich von Anfang an die Straßen gewesen sein, die zwar am Rande des Scheunenviertels lagen, aber schon nicht mehr zu diesem Quartier gehörten. Hier, in der Grenadier- und Dragonerstraße, Hirten- und Linienstraße, gab es ebenfalls preiswerten Wohnraum, denn der bauliche und soziale Abstieg des Scheunenviertels hatte auch Auswirkungen auf die unmittelbar benachbarten Gebiete gehabt. Längst war der Mittelstand in andere Wohngegenden gezogen.

Ende des 19. Jahrhunderts kamen ostjüdische Einwanderer in nennenswerter Zahl nach Berlin. Pogrome und die aggressive judenfeindliche Politik unter Teilen der orthodoxen Geistlichkeit vertrieben mehr und mehr Menschen aus Russland, Polen und dem Baltikum. »Ein Strom von solchen Landflüchtlingen ergoss sich durch Deutschland nach Amerika; aus Furcht, manche könnten hier bleiben, sammelte man sie, außerhalb Berlins, auf dem ›Auswandererbahnhof‹ Ruhleben bei Spandau. Diese Not, die 1901 zur Gründung des Hilfsvereins der deutschen Juden führte, griff allen jüdisch fühlenden Menschen ans Herz«, beschreibt Rabbiner Malwin Warschauer die Situation in seinen Lebenserinnerungen. Während des Ersten Weltkriegs und in den 1920er

Jahren folgten weitere Flüchtlinge. Wer in Berlin blieb, fand zumeist in diesem »neuen« Scheunenviertel eine erste Bleibe.

In Joseph Roths 1922 erschienenen Essay »Juden auf Wanderschaft« heißt es: »Es gibt nur ein paar kleine Judenstraßen, in der Nähe der Warschauer Brücke und im Scheunenviertel. Die jüdischste aller Berliner Straßen ist die traurige Hirtenstraße.

So traurig ist keine Straße der Welt. Die Hirtenstraße hat nicht einmal die hoffnungslose Freudigkeit eines vegetativen Schmutzes.

Die Hirtenstraße ist eine Berliner Straße, gemildert durch ostjüdische Einwanderer, aber nicht verändert. Keine Straßenbahn durchfährt sie. Kein Autobus. Selten ein Automobil. Immer Lastwagen, Karren, die Plebejer unter den Fahrzeugen. Kleine Gasthäuser stecken in den Mauern. Man geht auf Stufen zu ihnen empor. Auf schmalen, unsauberen, ausgetretenen Stufen. Sie gleichen dem Negativ ausgetretener Absätze. In offenen Hausfluren liegt Unrat. Auch gesammelter, eingekaufter Unrat. Unrat als Handelsobjekt. Altes Zeitungspapier. Zerrissene Strümpfe. Alleinstehende Sohlen. Schnürsenkel. Schürzenbänder. Die Hirtenstraße ist langweilig vororthaft. Sie hat nicht den Charakter einer Kleinstadtstraße. Sie ist neu, billig, schon verbraucht, Schundware. Eine Gasse aus einem Warenhaus. Aus einem billigen Warenhaus. Sie hat einige blinde Schaufenster. Jüdisches Gebäck, Mohnbeugel, Semmeln, schwarze Brote liegen in den Schaufenstern. Ein Ölkännchen, Fliegenpapier, schwitzendes.

Außerdem gibt es da jüdische Talmudschulen und Bethäuser. Man sieht hebräische Buchstaben. Sie stehen fremd an diesen Mauern. Man sieht hinter halbblinden Fenstern Bücherrücken.«

Eines der bekanntesten Bethäuser befand sich in der Grenadierstraße 36 und 37 (heute Almstadtstraße 26 und 28). In der

Karl-Liebknecht-Haus, Weydinger Straße

Almstadtstraße 18, freigelegte Fassadeninschrift

Grenadierstraße 31 (heute Almstadtstraße 16) hatten neben mehreren Betstuben (u. a. Radomsker, Gerer Stiblach) eine Herberge, ein koscherer Lebensmittelladen und die Religionsschule Talmud Thora Ez Chajim ihren Sitz. Anerkannter religiöser Führer der Ostjuden in Berlin war der Rabbiner Abraham Mordechai Grynberg.

In der Grenadierstraße 24 (heute Almstadtstraße 5) betrieb Leo Löwenthal eine Gaststätte, in deren Saal das Jiddische »Theater des Centrums« auftrat. Alexander Granach (1893–1945) besuchte als Jugendlicher Aufführungen. Er absolvierte später die Schauspielschule von Max Reinhardt und erhielt 1910 ein Engagement am Deutschen Theater. Zwischen den beiden Weltkriegen entwickelte er sich zu einem der herausragenden Charakterschauspieler.

Eine wichtige Adresse im Scheunenviertel stellte die Dragonerstraße 22 (heute Max-Beer-Straße 5) dar. Hier eröffnete 1916 das Jüdische Volksheim, das über einen Kindergarten und eine Beratungsstelle für Eltern verfügte. In den hauseigenen Tischlerwerkstätten wurden arbeitslose Jugendliche beschäftigt. Vortrags- und Diskussionsabende fanden statt. Zu den ehrenamtlichen Mitarbeitern gehörte der spätere Religionswissenschaftler Gershom Scholem, der in den 1920er Jahren nach Palästina ging. In seiner Autobiographie »Von Berlin nach Jerusalem« berichtet er über das Volksheim. Martin Buber und Salman Schasar, nachmals israelischer Staatspräsident, nahmen an den Veranstaltungen teil.

Ähnlich wie Joseph Roth erlebte auch Alfred Döblin das Viertel in den 1920er Jahren. In seiner Reportage »Östlich um den Alexanderplatz« heißt es: »Der Bülowplatz trägt die pompöse ›Volksbühne‹; umringt ist er von wüsten Lagerplätzen für Alteisen, Schienen. Sehr lebhafter Wagenverkehr; es wimmelt von Menschen. Und immer ›Gelegenheitskäufe‹, Tuchläden, Uhrmachergeschäfte, Stiefel. – Links die Grenadierstraße. Hier scheint ein Dauerauflauf zu sein. Der Damm ist von Menschen besetzt; sie kommen und gehen aus den winkligen, uralten Häusern. Das ist ein ganz östliches Quartier, das gutturale Jiddisch dominiert. Die nicht zahlreichen Läden tragen hebräische Inschriften; ich treffe Vornamen: Schaja, Uscher, Chanaine. In Schaufenstern zeigt ein jüdisches Theater an: ›Jüdele der Blinde, fünf Akte von Joseph Lateiner.‹ Jüdische Fleischereien, Handwerkerstuben, Buchläden. Das bewegt sich in unaufhörlicher Unruhe, blickt aus den Fenstern, ruft, bildet Gruppen und tuschelt in finsteren Hausfluren.«

Vertreibung, Deportation und Ermordung löschten das jüdische Leben aus. Krieg und Nachkrieg zerstörten schließlich auch die letzten Spuren, so dass heute im Scheunenviertel nichts mehr an die verlorengegangene Welt der Ostjuden erinnert.

DAS VOLKSKAFFEEHAUS IN DER NEUEN SCHÖNHAUSER STRASSE

Thomas Raschke

Eines der Berliner Volkskaffeehäuser befand sich von 1891 bis 1919 in der Neuen Schönhauser 13. Die Inschrift an der Fassade des Gebäudes erinnert noch daran: Volks-Kaffee- und Speise-Hallen-Ges.(ellschaft).

Die Anfänge dieser Einrichtung fallen in eine politisch bewegte Zeit: Das Sozialistengesetz, das eigentlich »Gesetz gegen die gemeingefährlichen Bestrebungen der Sozialdemokratie« hieß und diese verbot, war 1890 gefallen. Das »Dreikaiserjahr« 1888 lag kaum zurück und es war ungewiss, wie sich das Reich nach dem unerwarteten Thronwechsel entwickeln würde. Jedes Unternehmen, welches in dieser Zeit das Wort »Volk« im Namen führte, also auch ein Kaffeehaus, musste eine Antwort darauf geben, welchen Platz denn nun dieses Volk im Staate einnehmen sollte. Die Berliner Volkskaffeehäuser hatten, um das vorwegzunehmen, durchaus eine Antwort darauf. Die jedoch ist allein mit dem Begriffspaar »fortschrittlich – reaktionär« kaum zu fassen.

Die »Volks-Kaffee- und Speise-Halle« in der Neuen Schönhauser war das zweite Lokal dieser Art in Berlin, aber das erste in einem speziell für diesen Zweck errichteten Gebäude. 1888 hatte sich die Berliner »Volks-Kaffee- und Speise-Hallen-Gesellschaft« gegründet, im Jahr darauf ein erstes Lokal in gemieteten Räumen eröffnet. Bereits 1892 kam ein drittes in einem noch größeren

Volkskaffeehaus, Architekt Alfred Messel, 1890

eigenen Gebäude in der Chausseestraße 105 hinzu. »Der Zweck unserer Anstalten ist bekanntlich, dem Branntweingenuss entgegen zu arbeiten und das Beispiel billiger und guter Volksernährung zu geben. In hübschen Räumlichkeiten mit einem besonderen Zimmer für Frauen finden unsere Gäste mit Ausnahme von Spirituosen – leichtes Bier rechnen wir nicht dazu – die größte Auswahl aller Art kalter und warmer Getränke und Speisen.«

Die Idee der Volkskaffeehäuser war in den 1860er Jahren in England entstanden (public coffee houses). Kaffee als anregende Stimulanz sollte den Schnaps ersetzen. Eine am Gemeinwohl orientierte Organisation richtete das Lokal ein, Kaffee und Speisen wurden günstig, aber eben zu kostendeckenden Preisen abgegeben – kein Besucher sollte das Gefühl haben, ein Almosen zu empfangen. Nach diesem Muster entstanden ab 1880 auch in Deutschland mehrere Volkskaffeehäuser, das ist recht gut dokumentiert in den Mitteilungsblättern und Zeitschriften der »Vereine gegen den Missbrauch geistiger Getränke«. Die Anfänge waren bescheiden – bis sich der Kaufmann Emil Minlos der Sache annahm. Minlos wurde 1828 in Lübeck geboren, ging nach Venezuela, wo er vor allem im Kaffeehandel tätig war, und kehrte 1876 in seine Heimat zurück (wir haben dazu in den »Buddenbrooks« eine wunderbare Schilderung). Neben anderem sozialen Engagement baute er in Lübeck ein erstes Volkskaffeehaus auf.

1887 zog der Kaufmann nach Hamburg. Der von ihm gegründete »Verein für Volkskaffeehallen« errichtete im Bereich des Freihafens zuerst eines, dann weitere Gebäude für Kantinen (würden wir heute sagen, damals gab es das noch nicht). Hier war nun eine Kundschaft von tausenden Schauerleuten vorhanden, die sich bis dahin in umliegenden Kneipen und bei fliegenden Händlern versorgt hatte, beides von der Hafenleitung nicht gern gesehen. Die Kaffeehallen waren solide Backsteinbauten mit bis dahin kaum gekannten Einrichtungen für eine Großküche.

Industrialisierung und Großstadt schufen ein eigenes Phänomen: die Menschenmasse, die eben auch zu verköstigen war.

Bereits ein Jahr später, 1888, sehen wir Minlos in Berlin, der Reichshauptstadt. Er beteiligt sich an sozialreformerischen Projekten, die ein Kreis aufgeschlossener Großunternehmer entwickelt. Mit deren Hilfe hebt er alsbald die Volks-Kaffee- und Speise-Hallen-Gesellschaft aus der Taufe. Die Gesellschaft (kein Verein mehr) ist ziemlich groß angelegt. Zu ihrem Vorstand gehören die Bankiers Ernst Mendelssohn Bartholdy, Robert Warschauer, Robert und Franz von Mendelssohn, Ludwig Delbrück, Gustav Müller und Hermann Wallich (die beiden Gründungsdirektoren der Deutschen Bank). Der bekannte Anwalt und spätere Staatsminister Otto Hentig ist ebenfalls dabei. Zu den Vertretern der Wirtschaft kommen solche aus der im wilhelminischen Deutschland höchsten Gesellschaftsschicht, den Vorsitz übernimmt Karl August Graf Dönhoff-Friedrichstein, königlicher Kammerherr und Reichstagsabgeordneter (und der Vater der bekannten Publizistin). Minlos wird stellvertretender Vorsitzender, betreibt das Tagesgeschäft. Der junge Alfred Messel ist als Hausarchitekt dabei. Rasch wird eine erste Volkskaffeehalle in der Niederwallstraße eröffnet, mitten im alten Berlin. Die Gesellschaft sammelt Kapital, es kommen 269.000 Reichsmark zusammen, meist in Anteilen á 1000. Emil Minlos zeichnet 60.000! Viel Geld für eine Gesellschaft, deren Zweck es ist, »ein Beispiel guter Ernährung zu geben … dem Branntweingenuss entgegen zu wirken«. Doch für die Kaffeehäuser sollen eigene Gebäude errichtet werden, mit Mietwohnungen, die gesicherte Einnahmen bringen. Und da die Lokale erstklassige und belebte Standorte haben, ist hier auch nicht an Arbeiterwohnungen gedacht. Die Gesellschaft ist ein normales Unternehmen (Gemeinnützigkeit im heutigen steuerrechtlichen Sinne gibt es noch nicht), allerdings wird die jährliche Kapitalausschüttung auf 5 %, nach wenigen Jahren auf 4 %, begrenzt. Der Wert liegt etwas über dem, was damals sichere Staatspapiere erbrachten – es gibt für diese Form des gedeckelten Gewinns den schönen Begriff »domestiziertes Kapital«. Die Rechnung geht auf, es wird gut gewirtschaftet und die Gesellschaft zahlt alljährlich den maximalen Kupon. Eifrig wird Öffentlichkeitsarbeit betrieben, wobei auch Rückschläge zu verzeichnen sind. Bei der Berliner-Gewerbe-Ausstellung von 1896 (dem deutschen Gegenstück zu den Weltausstellungen in Paris und London) darf man sich nicht beteiligen. Aber fleißig werden Statistiken in die Presse gebracht: Das Lokal in der Neuen Schönhauser wird an einem Tag des Jahres 1893 von 1.835 Gästen besucht, die für durchschnittlich 15 Pfennige konsumieren. Ihnen wird geboten (in Auswahl): Kaffee, Kakao, Bier, belegte Brote, Kuchen, Mittag- und Abendessen.

Die in Leipzig erscheinende »Illustrirte Zeitung«, Deutschlands führendes Blatt dieser Art, veröffentlichte zwei Darstellungen aus Berliner Volkskaffeehäusern – eine für damalige Verhältnisse große mediale Aufmerksamkeit. Diese wunderbar erzählenden Zeichnungen waren ebenso beliebt wie aufwendig in der Herstellung, die Zeitung hätte sie nicht gebracht, wenn nicht der Gegenstand fürs Publikum neu und von Interesse gewesen wäre.

Das erste Bild von 1887 zeigt das Leben und Treiben in einem Volkskaffeehaus. Dieses Lokal in der Landsberger Straße war vom »Verein gegen den Missbrauch geistiger Getränke« initiiert, finanziell gefördert wurde es von James Simon (bekannt als Mäzen der Berliner Museen), es scheint nicht lange existiert zu haben. Das zweite Bild öffnet uns einen Blick in das dritte Volkskaffee der Volks-Kaffee- und Speise-Hallen-Gesellschaft, gelegen in der Chausseestraße 105.

Auf dem ersten Bild sind links andrängende Menschen dargestellt, die bei einer jungen Dame an der Kasse Wertmarken erwerben. Mit der Marke bewegt man sich nach rechts an die Theke, wieder ins Gedränge, wo das Essen ausgegeben wird. Im

Das neue Lokal des Vereins zur Errichtung von Volkskaffee- und Speisehäusern, Originalzeichnung von E. Hosang, 1887

Vordergrund bringen drei Gäste ihre Mahlzeit »in Sicherheit«. Sie tragen mindestens zwei Teller, die Vorsuppe war also üblich. Der Zeichner komponierte eine drangvolle Situation, mit der Kleidung kennzeichnete er den sozialen Status der Gäste: Zylinder, Filzhüte verschiedenen Erhaltungszustandes und Arbeitermützen sind vertreten – Angehörige verschiedener Stände drängen sich um einen Topf. Im Hintergrund sitzen Gäste entspannt am Tisch. An der Kasse stehen auch Frauen und Kinder, sie aßen aber in einem separaten Raum. Beim zweiten Bild gestaltete der Zeichner mit der Wirkung des Helldunkels. Die »Gegenlichtaufnahme« (möglich erst durch die Erfahrung der Fotografie) ist bereits ein Ausdrucksmittel. Je stärker die einzelnen Figuren aus dem Schatten hervortreten, desto »lichter« ist ihre Situation. Den »positiven Mittelpunkt« bildet der Mann in der Bildmitte, erhobenen Haupts schreitet er mit zwei dampfenden Tellern durch den

Die Volkskaffee- und Speisehalle, Originalzeichnung von Werner Zehm, 1891

Raum. Vor ihm sucht ein Alter in seinen Taschen nach den nötigen Groschen. »Düsterer« ist es um die Gestalt im Hintergrund rechts bestellt. Sie muss das warme Lokal verlassen, schaut noch einmal bitter zurück. Ganz rechts fällt das Licht auf die Gesichter dreier mehr oder weniger erschöpfter Männer. Repräsentiert werden drei Altersstufen: der Jugendliche, erschöpft, aber noch nicht vom Leben gezeichnet; ein Mann mittleren Alters, noch am ehesten imstande, die Härte des Lebens zu tragen; stehend ein Alter, Gescheiterter.

Das sensationell Neue, das die Zeitungsbilder vermitteln, ist die soziale Mischung und die großstädtische Hektik, es lässt sich wohl von einem Kulturwandel des Essens sprechen. Dieses ist kaum mit Ruhe und Entspannung verbunden, vor allem vollzieht es sich nicht in einer vertrauten Gemeinschaft, sondern in anonymer Öffentlichkeit.

Auch schriftliche Berichte sind überliefert, in ihnen wird etwas von der politischen Dimension der Volkskaffeehäuser deutlich (Berliner Volks-Tribüne«, 6. Jg., Nr. 22):

Bürgerliche Philantropie (von einem Berliner Arbeiter)
Weil die bürgerlichen Philantropen zu der Einsicht kamen, dass das Proletariat infolge der hohen Lebensmittelpreise und der unglaublich intensiven Ausnutzung der Arbeitszeit zu einer unzureichenden Ernährungsweise verdammt ist, wollten sie mithilfe der »Segnungen« dieser Volksfütterungsanstalten den schreienden Übelständen abhelfen. Natürlich mussten derartige Versuche nur ein klägliches Resultat im Gefolge haben. Die Volksküchen werden trotz aller Ableugnungen der Verehrer der Frau Morgenstern gerade von demjenigen Teile des Volkes gemieden, für die sie in erster Linie bestimmt waren. Das ist allbekannt. (...)

Dieselben Verhältnisse wie in den Volksküchen herrschen in den Volkskaffeehäusern. Auch hier steht das Gebotene in keinem Verhältnis mit der großartigen Reklame, welche die Bourgeoisie mit ihrer Opferwilligkeit machte. Viel Geschrei, wenig Wolle. Auch die Volkskaffeehäuser werfen einen hübschen Profit ab. Von ihnen kann man im vollen Sinne des Wortes als von Geschäftsunternehmungen reden. (...)

Weil der Arbeiter in der Volksspeiseanstalt sich billig sättigen kann, bedarf es keines höheren Verdienstes und da der mehr verdienende Proletarier ganz gut in der Volksküche statt in der teuren Budike speisen kann, deswegen darf er über einen Lohnabzug nicht murren; das ist die herzlose Schlussfolgerung der Ausbeutersippe. Die Profitwut des Kapitalismus weiß ganz genau, was sie tut. Was sie dem Proletariat mit der einen Hand unter den dröhnenden Tamtamschlägen der Reklame gibt, das nimmt sie ihm insgeheim, aber sicher und ungestraft, mit der anderen aus der Tasche.

1894 kommt es gar zu einer kleinen Kontroverse in der wichtigsten sozialdemokratischen Tageszeitung, dem »Vorwärts« (27.2.1994, 1. Beiblatt):

Die Wohltätigkeit ist eine sehr schöne Sache, so lange das Geschäft nicht darunter leidet und die nötigen Prozente für die Wohltäter sich herauswirtschaften lassen – so ungefähr denkt die Volks-Kaffee- und Speise-Hallen-Gesellschaft, *welche seit dem Jahre 1889 drei Hallen in Berlin errichtet hat, um den »Branntweingenuss im Volke zu steuern und eine billige Ernährungsweise zu ermöglichen«. – Wie es mit dieser Ernährung des Volkes gemeint ist, davon gibt die Tatsache Zeugnis, dass die Gesellschaft nur Margarine verwendet und zur Bereitung der so gepriesenen kräftigen Boullion* Kemmrich's *Fleischextrakt. Die Früchte dieser »rationellen« Ernährung sind denn auch nicht ausgeblieben, denn die Gesellschaft – allerdings nur aus wenigen Personen bestehend, mit dem Grafen Dönhoff-Friedrichstein an der Spitze – welche statutenmäßig nur 5 % Dividende verteilen darf, hat aus dem erzielten Überschuss* bereits zwei eigene Prachtbauten *in der Neuen Schönhauser- und der Chausseestraße errichtet. Seit zwei Jahren nun hat aber die Gesellschaft, deren Zweck es ist, das Netz ihrer Wohlfahrtseinrichtungen über* ganz Berlin *auszudehnen,* keine neuen Hallen errichtet.

Emil Minlos antwortet umgehend und der »Vorwärts« veröffentlicht seine Gegendarstellung (28.2.1894, Hauptblatt):

... Im Übrigen hat die Gesellschaft in ihren Berichten mehrfach wiederholt, dass ihre Hallen keine Wohltätigkeitsanstalten sein sollen, sondern in rein geschäftlicher Weise mit der Absicht der Erzielung von Gewinn betrieben werden. Dass mit dem erzielten Überschuss die zwei »Prachtbauten« der Gesellschaft aufgeführt werden konnten, ist ein Irrtum. Die Häuser Neue Schön-

hauser Straße 13 und Chausseestraße 98a kosteten zusammen 1.138.000 M. Darauf sind 884.000 M Hypotheken gewonnen und der Rest durch die nicht leicht untergebrachten 269 Anteilscheine á 1.000 M gedeckt, die höchstens 5 % Dividende erhalten, wie sie in Wirklichkeit in den letzten Jahren erhalten haben. Der übrige Gewinn bleibt dem Unternehmen für weitere Verbesserungen desselben, eventuell um in teureren Zeiten die gewohnten Preise aufrechterhalten zu können.

Sofern die Hallen in der bisherigen Weise weiter geleitet werden, ist eine Verzinsung des Kapitals zu 5 % eine ziemlich wahrscheinliche. Dafür fehlt indessen die nötige Sicherheit und darin liegt der Grund für die Schwierigkeit, weitere Zeichner von Anteilscheinen und somit den nötigen Fonds zum Bau neuer Hallen zu finden.

Die Kritik der sozialdemokratischen Autoren ist nicht nur allgemein antikapitalistisch, sie hat einen speziellen Grund, den zu erkennen uns ein Blick auf die Anfänge der Volkskaffeehäuser hilft – gemeint ist der Kampf gegen Branntwein. Alkohol und Alkoholmissbrauch, das »proletarische Trinken«, bildeten für die Arbeiterbewegung ein sensibles Thema. Karl Kautsky hat dem eine längere Abhandlung gewidmet. Die Gefahren für die Gesundheit sah man freilich, aber zugleich waren die Arbeiterlokale für die Organisation kaum verzichtbar. Die Partei war in der Illegalität gewachsen, und zwar in Kneipen und Gastwirtschaften. Dort traf man sich und diskutierte. Nicht selten übernahmen die Gastwirte die Leitung der Parteigruppe oder waren Kassierer (in der SPD bestand eine eigene Interessengruppe der Gastwirte). Die Volkskaffeehäuser konnten insofern schon als Angriff auf die Organisation verstanden werden. Zwar verdienten die Gastwirte kaum am Essen aber der übliche »Trinkzwang« brachte den Gewinn. Nur indirekt angesprochen wird in der Kritik der Eingriff in Kultur und Lebensweise der Arbeiter – gesellig kann es in den

Volkskaffeehäusern nicht zugegangen sein, man betrat sie, um seinen Durst zu stillen, satt zu werden; kaum, um unter Kameraden zu sein.

Die Volkskaffehäuser waren erfolgreich, doch es dauerte bis 1908, dass ein viertes Lokal eröffnet wurde. Zu Beginn des Ersten Weltkriegs waren es dann über zehn Lokale, denen eine eigene Großbäckerei zulieferte. Emil Minlos war 1901 gestorben. Die Bilanz seines Wirkens fällt gemischt aus. Ganz gewiss war er selbstlos tätig (sieht man davon ab, dass er Erfolg haben wollte), er wollte soziale Missstände beseitigen, Benachteiligten mit seinen Mitteln (Geld und Geschäftstüchtigkeit) helfen – was ihm wohl gelungen sein wird. Bei der Frage, ob er »ein Beispiel geben« konnte, ein nachzuahmendes Modell zu entwickeln vermochte, sieht es anders aus. Die Probleme lösten sich auf andere Weise. Zum einen verlor das Problem des »proletarischen Trinkens« in den 1890er Jahren an Schärfe; ein Grund dafür war, dass sich das Pilsener Bier gegen das bisher in Berlin übliche obergärige Weißbier durchsetzte und dann auch oft dem Schnaps vorgezogen wurde. Zum anderen wussten auch andere die Rationalisierungseffekte einer Großgaststätte zu nutzen. In dieser Zeit eröffneten die ersten Aschinger-Lokale, preiswerte Selbstbedienungsrestaurants, die bald berühmt werden sollten (und Nachahmer fanden).

Außerdem richteten Firmen Betriebskantinen ein. Und die Sozialreformer hatten schon wenige Jahre später ein anderes Idealbild fürs Essen, nämlich die gemeinsame Mahlzeit in der Kleinfamilie. Die Geschichte nahm einen anderen Weg.

Die von Lina Morgenstern gegründeten »Berliner Volksküchen von 1866« leben noch im Gedächtnis, während die Volkskaffeehäuser vergessen sind. Etwas früher in einer Notzeit entstanden, waren die Volksküchen noch von dem alten karitativen Grundsatz geprägt, einen Hungernden zu speisen. Zwar musste auch in ihnen bezahlt werden, aber es galt: Bedürftigen wird geholfen. Die Volkskaffeehäuser hatten dagegen einen geschäftsmäßigen, liberalen Ansatz: Wir fragen nicht, warum du kommst, wähl aus, was du möchtest (das Schnapsverdikt war ja im Grunde marginal, in amerikanisch geprägten Schnellrestaurants ist bis heute kein Bier zu bekommen), niemand erwartet deine Dankbarkeit. Etwas so Unpersönlichem wie einer Kapitalgesellschaft lässt sich schwer dankbar sein.

Doch es bleiben einige erstaunliche Dinge. Einmal die bedeutenden Geldmittel, das »domestizierte Kapital«, welches sich, nach heutigen Begriffen, einer Sozialbindung unterwirft. Und dann sollten die Volkskaffeehäuser an belebten Orten mitten in der Stadt eingerichtet werden (Volksküchen dagegen befanden sich in Hofgebäuden, abseits). Die »Volks-Kaffee- und Speise-Hallen-Gesellschaft« baute eigene ansehnliche Häuser, die auch jedes bürgerliche Lokal gern zur Adresse genommen hätte. Weite Rundbogenfenster öffnen sich zur Straße, hier wird kein Elend schamhaft versteckt. Der vierte Stand wird in der Stadt nicht separiert, er wird akzeptiert. »Prachtbauten« nennt die oben wiedergegebene Zeitungskritik die beiden Messel-Minlosschen Volkskaffeehäuser, das Missverhältnis konstatierend. Doch vielleicht steht diese »Pracht« für die Vision eines zwar nicht gleichen, aber doch gemeinsamen Lebens?

DAS MENSCHLICHE HOCHHALTEN – ST. HEDWIG-KRANKENHAUS

Veit Stiller

Ein großer roter Backsteinbau, im Mischmasch der Neostile errichtet und vor ein paar Jahren frisch vom Sandstrahl verjüngt, bestimmt zwischen Sophien- und Krausnickstraße das Bild der Großen Hamburger Straße. Nur leicht zurückgesetzt, zieht er in der engen Straße nicht gerade die Blicke auf sich, aber der sinnierende Flaneur wird zuweilen durch Blaulicht und Martinshorn von Notarztwagen aus seinen Betrachtungen gerissen, die in einer Torchurchfahrt in der Krausnickstraße verschwinden. Hier, im Herzen der Spandauer Vorstadt, nicht in der Mitte – wohlgemerkt, hat das St. Hedwig-Krankenhaus seinen Sitz.

Westlich grenzt das katholische Klinikum an die Neue Synagoge und auf der anderen Seite trennen es die Straße und eine Häuserreihe von der evangelischen Sophienkirche. Ein für dieses Areal bezeichnendes Nebeneinander.

In der einstigen, längst zur Lounge gewordenen, zentralen Zufahrt, empfangen an der Rezeption gelegentlich Nonnen im Habit die Besucher und geben gern Auskunft – auch über die Geschichte des Hauses. Der weiträumige, von Rabatten und Grünanlagen geschmückte Hof, im Sommer eine Augenweide, wird von einem Brunnen bestimmt, auf dem die Heilige Agatha milde wacht. Allerdings ist der Brunnen inzwischen zur Blumen-Etagere geworden ist. Der den Hof abschließende Querbau mit

Eingang des St. Hedwig-Krankenhauses

Der Agathabrunnen im Hof des Krankenhauses

neugotischem Portikus ist das sogenannte Hauptgebäude und zusammen mit der angrenzenden Kapelle der älteste Teil der weiträumigen Krankenhausanlage. Die Gebäude und mit ihnen auch Skulpturen und die im Ersten Weltkrieg durch Villeroy & Boch gestifteten farbigen Ornamentfliesen der Fußböden in den Korridoren stehen unter Denkmalschutz.

»Was ihr dem geringsten meiner Brüder getan habt, das habt ihr mir getan.« – dieser Satz aus dem Neuen Testament steht im Glasfenster einer Tür des St. Hedwig-Krankenhauses. »In der Beschusszeit waren alle Fenster kaputt, bis auf zwei. Das in der Tür war eines davon«, berichtete Schwester Gunthilde – mit Beschusszeit meinte sie das Kriegsende. Die 1995 verstorbene Ordensschwester war 1939 aus Trier an das Haus gekommen und hat mehr als ein Drittel seiner über 150-jährigen Geschichte hautnah miterlebt. Von 1980 an führte sie bis zu ihrem Tode die Chronik des Hauses – und ist selbst eine Legende geworden.

Als die damals acht Barmherzigen Schwestern des Heiligen Karl Borromäus und das medizinische Personal von chirurgischer und innerer Abteilung 1854 mit ihren Pfleglingen (60 Patienten, 100 alte Leute und 40 Waisenkinder) in den gerade nach Plänen des Kölner Dombaumeisters Vincenz Statz errichteten Neubau einzogen, war die »Krankenanstalt« eigentlich ein Armenhospital und bestand schon acht Jahre – allerdings in der Kaiserstraße, die es heute so nicht mehr gibt, nahe dem Alexanderplatz.

Nach einjährigem Bedenken und durchlauchtigstem Wägen folgte der »Romantiker auf dem Thron«, König Friedrich Wilhelm IV., im März 1844 der von der kleinen katholischen Gemeinde schriftlich geäußerten und von Berlins Armendezernenten, dem einflussreichen Fürsten Radziwill emsig protegierten Bitte, und erteilte die Genehmigung zur Einrichtung eines katholischen Krankenhauses. Es sollte die überforderte Charité entlasten. Das preußische Credo »jeder möge nach seiner Fasson selig werden« hatte sich günstig mit wirtschaftlichem Kalkül getroffen. Auflage war jedoch: Das Krankenhaus habe, wie schon die Gemeinde, den Namen der Heiligen Hedwig zu führen, der Patronin Schlesiens; Berlin gehörte damals zum Erzbistum Breslau. Das St. Hedwig-Krankenhaus wurde so zum ersten katholischen Krankenhaus in der deutschsprachigen Diaspora. Am 14. September 1846 kamen dann auf dem Potsdamer Bahnhof vier Ordensschwestern in Begleitung ihrer Generaloberin aus dem Mutterhaus in Nancy an. Und Berlin stand Kopf. Die Schwestern unter Führung von Xaveria Rudler, der ersten Oberin des Krankenhauses, waren tagelang Stadtgespräch. Man kann da wohl getrost der Überlieferung Glauben schenken: 300 Jahre nach der Reformation hatten die Berliner vergessen, wie Nonnen aussehen. Und jetzt kamen gleich vier: in langen schwarzen Gewändern und mit weit ausladenden weißen Hauben auf dem Kopf. Außerdem holte Fürst Boguslaw von Radziwill sie höchstselbst im offenen Wagen vom Bahnhof ab!

Der 14. September 1846 gilt seit dem als Geburtstag des Krankenhauses. Begonnen hatte es jedoch bereits 1780 mit der Gründung des ersten katholischen Hospitals in der Gipsstraße 3 als Altenpflegeheim. Nach erfolgter Erlaubnis war bereits 1845 als Provisorium das Haus Kaiserstraße 29 vom »Verein für Pflege und Erziehung katholischer Waisenkinder« angemietet worden. Es wirkte vor allem ambulant. Dort wurde im September 1846 auch eine Apotheke eröffnet und im Dezember konnte der erste Patient aufgenommen werden – man verfügte über drei Betten, Ende 1847 waren es über 50.

Die Entscheidung, mit der Führung des Krankenhauses den 1652 im lothringischen Nancy gegründeten und dort ansässigen Borromäerinnen-Orden zu beauftragen, war übrigens auch nicht frei von politischem Kalkül gewesen. Die Kongregation, aus einer Wohlfahrtsstiftung hervorgegangen, widmete sich der Armenfürsorge, erschloss sich jedoch bald die Krankenpflege als wichtigstes Tätigkeitsfeld. Mit der Eröffnung einer Dependance 1811 in Trier, das nach dem Wiener Kongress 1815 in der Rheinprovinz aufging, hatte der Orden einen Standort im protestantischen Preußen erhalten. Die Kongregation in Trier, inzwischen Provinzialhaus für alle deutschen Niederlassungen, wurde auf Betreiben Preußens durch päpstlichen Erlass 1872 von Nancy gelöst, für eigenständig erklärt und zum Generalmutterhaus erhoben.

»Der Borromäerinnen-Orden ist der einzige rein karitative Orden, die kontemplativen Orden verwenden nur einen Teil ihrer Arbeit auf karitative Leistungen«, erklärte Schwester Gunthilde im Plauderton aber durchaus bestimmt: »Wenn der Mensch seinen Frieden mit Gott hat, wird er schneller mit der Krankheit fertig.«

Das offenbarte sich von Anfang an. Als in den Wirren der Revolution 1848 auch das angemietete Logis in der Kaiserstraße gestürmt wurde und die Schwestern befragt, mit wem sie es halten, erklärte die Oberin Xaveria Rudler: »Wir halten es mit den

Armen und Kranken – wir pflegen Eure Brüder und Schwestern.« Zorn wandelte sich in Jubel und das Haus erhielt eine revolutionäre Ehrenwache; viele Verwundete aus den Kämpfen wurden zur Behandlung dahin gebracht. Regierungen und Systeme kamen und gingen seit dem, an diesem Geist hat sich jedoch nichts geändert. Schwester Gunthilde: »Hier wurde immer die Atmosphäre der Barmherzigkeit, der Mitmenschlichkeit gepflegt. Das gibt den Patienten das Gefühl, nicht Objekt der Medizin zu sein. Das Menschliche hochzuhalten, war stets unser Kampf.«

Bis 1870 wuchs sich das Krankenhaus um das Hauptgebäude herum zu einer regelrechten Stadt mit Bäckerei, Fleischerei, Wäscherei und Wasserpumpwerk aus, in der vorübergehend sogar Vieh gehalten wurde. Im Jahre 1888 erfolgten der Anschluss an die städtische Wasserversorgung, die Installation von Gasbeleuchtung und die Einrichtung einer Telefonzentrale. Immer mit dem Fortschritt! Das ging so weiter, natürlich auch auf medizinischem Gebiet. Zum 50-jährigen Bestehen standen 500 Betten zur Verfügung, zehn Ärzte, 48 Ordens-, 16 weltliche Schwestern und 13 männliche Pfleger sorgten sich um die Patienten. Dazu kamen noch 60 weibliche Angestellte, zehn Handwerker und ein Seelsorger. Um 1900 besaß das Haus Abteilungen für Chirurgie, Urologie, Bauchchirurgie, Anästhesie und Intensivtherapie. Eine eigenständige Radiologische Abteilung folgte 1910, nur 15 Jahre nach Entdeckung der Röntgenstrahlen – das St. Hedwig-Krankenhaus war damit Vorreiter in der neuen medizinischen Disziplin. Im gleichen Jahr begann ein fest angestellter Pathologe seine Arbeit und Labors für chemische und bakterielle Untersuchungen wurden eingerichtet.

»Das Gelübde der Beständigkeit und der Barmherzigkeit legte uns nicht nur Krankenpflege auf«, berichtete Schwester Gunthilde, »sondern auch Kinderpflege in Waisenhäusern, Jugendpflege in Schulen und die Durchsetzung der Hygiene. Das war damals besonders wichtig. Dazu bedarf es der Einführung modernster

Schwester Gunthilde in der Patienten-Bibliothek

Methoden, das ist bis heute so.« Eine Krankenpflegeschule bestand bereits seit 1907. »Diese besteht ohne Unterbrechung bis heute« berichtete die Nonne nicht ohne Stolz, denn sie hatte wesentlichen Anteil daran: als OP-Schwester hatte sie schon Krankenschwestern in der Ausbildung zu unterweisen. Nachdem sie 1949 zunächst ins Rheinland versetzt worden war, fragte man sie 1962, ob sie zurückgehen würde, jetzt hinter die Mauer in der DDR, um die Schule zu leiten. Sie kam und war bis 1977 Schuldirektorin. Als die DDR die katholische Schwesternausbildung verbieten wollte, weil die im Staat obligatorischen politisch doktrinierenden Fächer nicht unterrichtet wurden, schaltete sich der Vatikan ein – und Schwester Gunthilde machte ein Staatsexamen: »Da musste ich halt noch mal ran. 100 Stunden Marxismus! Habe ich glatt gemacht. Die dachten doch, sie können uns auf die Tour stilllegen.«

In den 1920er Jahren erlangte die Urologie infolge hier am Haus gemachter Entdeckungen weltweite Bedeutung; die größte Ausdehnung erreichte das Krankenhaus 1928 mit 750 Betten und 80 Ordensschwestern. Von 1931 bis 1939 gehörte auch eine Abteilung für Gynäkologie und Geburtshilfe zum Haus.

In der Novemberrevolution 1918 lagen hier, wie 1848 schon, Freund und Feind nebeneinander; im Kriege von 1870/71 und beiden Weltkriegen diente das St. Hedwig-Krankenhaus als Lazarett. Die schweren Jahre begannen 1933. Die Nazis forderten zunächst, das als Erholungsheim für Mitarbeiter und Rekonvaleszenten erworbene Schloss Falkenberg bei Grünau in ein Krankenhaus umzuwandeln; als »Hedwigshöhe« ist es seitdem der zweite Standort. Als wenig später vom NS-Regime alle konfessionellen Krankenhäuser aufgelöst wurden, blieb St. Hedwig allerdings verschont. Der Grund: Goebbels ließ sich hier wegen eines Nierensteinleidens behandeln. Am 16. April 1943 schrieb er in sein Tagebuch: »Ich kann im St. Hedwig-Krankenhaus wieder die außerordentliche Ordnung und großzügige Leitung eines solchen konfessionellen Krankenhauses feststellen. Ich freue mich direkt darüber, dass ich in Berlin verboten habe, diese konfessionellen Krankenhäuser aufzulösen. Sie sind uns sehr dienlich und man soll die Nonnen ruhig in der Krankenpflege belassen.«

Schwester Gunthilde: »Als ich 1939 hier ankam, war ich achtundzwanzig, habe als OP-Schwester gearbeitet, auch während der Bombenangriffe. In der Beschusszeit bin ich zwei Wochen nicht aus den Kleidern gekommen.« Das Krankenhaus hatte während des Krieges vorrangig Bombenopfer und Fälle von aufkommenden Epidemien zu versorgen. Die Verfolgung jüdischer Menschen, die im jüdischen Altersheim in der Großen Hamburger Straße zur Deportation zusammengetrieben wurden, ging natürlich auch an den frommen Schwestern nicht vorbei. »Von den Leuten hier im Viertel wollte ja keiner was gewusst haben. Wir haben es gewusst«, verriet Schwester Gunthilde nicht ohne einen Anflug von frommem Zorn und fügte etwas listig hinzu: »Es gab in der Zeit keine Brotanschnitte im Krankenhaus. Die haben wir gleich abgeschnitten, gesammelt und in Tüten gepackt. Jungens von der Straße warfen sie dann in unserem Auftrag drüben im Altersheim durchs Fenster.« Die Fürsorgerin Marianne Hapig und Oberarzt Dr. Erhard Lux waren noch aktiver: sie versuchten, Menschen vor der Deportation zu retten. Dazu machten sie sich eine Fleckfieberepidemie zunutze. Schwester Gunthilde erklärte das: »Dr. Lux besorgte sich eine Vollmacht zur hygienischen Betreuung des Altersheims. Sie machten dort Besuche, versorgten die Menschen mit Medikamenten und Lebensmitteln. Und soweit es ging attestierten sie ‚Transportunfähigkeit wegen Seuchengefahr' und ließen die Betreffenden bei uns einweisen. Wir haben sie dann unter den Patienten der Infektionsstation versteckt.« Die weltliche Krankenschwester Mathilde Münzer war Jüdin und arbeitete auf dieser Station. Sie begleitete 1942 freiwillig einen Deportationstransport aus dem Sammellager Auguststraße (ehemaliges jüdisches Krankenhaus) nach Theresienstadt. Sie überlebte und arbeitete nach 1945 wieder in Berlin.

Als 1943 die Flächenbombardements der Alliierten auch Berlin trafen, gelobte Pfarrer Unold von der Kanzel der Kapelle des St. Hedwig-Krankenhauses: Wenn das Haus durch Fürbitte der Heiligen Agatha in diesem Krieg von größeren Schäden bewahrt bleibt, wolle das Haus ihr zum Dank eine Statue errichten. Der Vorstand beschloss damals, es solle ein Brunnen sein. Es ist jener im Hofe des Krankenhauses. Nach 1945 war jedoch zunächst anderes wichtig. Das Gelöbnis wurde 1996 eingelöst, der damalige Erzbischof von Berlin, Georg Kardinal Sterzinsky, weihte den Brunnen mit der heiligen Agatha, der Schutzpatronin gegen

Feuer, Erdbeben, Unwetter und Vulkanausbrüche im Rahmen der 150-Jahr-Feier.

Das Haus wurde tatsächlich nur von einer Sprengbombe getroffen. Und auch die explodierte nicht. Schwester Gunthilde: »Wir hatten Sand auf den Dachboden geschüttet, wie es Vorschrift war. Und dann sind wir hinauf und haben das Ding auf die Straße getragen.« Und auf die Frage, ob die Nonnen denn keine Angst gehabt hätten, antwortete sie knapp: »Wir haben gebetet.« Seitdem findet an jedem letzten Samstag im Monat ein Agatha-Gottesdienst statt.

Die meisten der Patienten waren bereits 1943 nach Birkenwerder evakuiert worden. Der Kampf um Berlin tobte 1945 auch in der Großen Hamburger Straße, Hitlerjungen und Panzer – und das St. Hedwig-Krankenhaus war das einzige betriebsfähige in Berlin. Es gab weder Licht noch Wasser, operiert wurde mit Autoscheinwerfern, die Verwundeten lagen auf Holzpritschen in den Korridoren und Treppenhäusern. Noch einmal Schwester Gunthilde: »Wenn einer von den Jungens desertierte, haben wir ihn in Papierbinden eingewickelt, so was wie Klopapier, was anderes gab's ja nicht mehr, und unter den Verletzten versteckt. Die Patronengurte, Granaten und so habe ich in meiner Schürze hinter in den Garten getragen und dort vergraben.« Das stelle man sich bildhaft vor: Eine Nonne nimmt einem Schulbub die Waffen ab, fasst die Schürze zur Mulde, wirft den Kriegsschrott hinein, greift sich einen Spaten und stiefelt durch Klinikkorridore und Versorgungsstraßen zum Garten, wo sie eine Grube aushebt … Das ist so naiv wie couragiert, in seiner praktischen Menschlichkeit anrührend. Nach Kriegsende erhielt das Krankenhaus sofort Hilfe und Unterstützung von Militärärzten und Sanitätern der Roten Armee.

In der DDR war das Haus den üblichen Behinderungen ausgesetzt, wie andere kirchliche Einrichtungen auch. »Aber die Herren kamen ja selbst«, meinte Gunthilde verschmitzt und nannte den Namen eines Ex-Ministers, der bis weit in die 1990er Jahre behandelt wurde. Es ließen sich jedoch auch hochrangige Dissidenten hier behandeln. Mit Hilfe aus dem Westen immer noch auf dem neuesten Stand der Wissenschaft und Medizintechnik gehalten, war das Haus auch Zuflucht für Regimegegner und Ausreiseantragsteller die, mit Berufsverbot belegt, hier ihren Unterhalt verdienen konnten. Viele Menschen in der DDR sahen im St. Hedwig-Krankenhaus die Alternative zur staatlichen Gesundheitsfabrik und kamen sogar aus den entlegensten Winkeln des Landes hierher, um sich stationär oder in der Poliklinik ambulant behandeln zu lassen, nahmen dafür beschwerliche Reisen und lange Wartezeiten in überfüllten Wartezimmern und Fluren geduldig in Kauf.

Die Maueröffnung brachte allerdings neuerlich eine schwere Zeit für das Haus: ein großer Teil des Fachpersonals ging, auf besseren Verdienst hoffend, in den Westen und das Krankenhaus kam an den Rand der Arbeitsfähigkeit. Die Situation stabilisierte sich jedoch bald.

Entsprechend der Gesundheits-Strukturreform wurde das St. Hedwig-Krankenhaus 1995 in eine GmbH umgewandelt und ist seit dem Teil der »St. Hedwig-Kliniken«. Mit Jahresbeginn 1998 übernahm die »Gesellschaft der Alexianerbrüder« die Kliniken und gliederte sie in ihr über ganz Deutschland verteiltes Kliniken-Netzwerk ein. Da die bereits im 14. Jahrhundert entstandene und in Neuss am Rhein beheimatete »Kongregation der Brüder des heiligen Alexius« sich vorrangig der Altenpflege und der Psychiatrie und Psychotherapie widmet, erlebte das Haus einen erneuten Strukturwechsel, sein Auftrag als Krankenhaus der Grund- und Regelversorgung ist allerdings bestehen geblieben. Einzelne Abteilungen wurden jedoch schwerpunktlich in das Haus »Hedwigshöhe« verlagert. Dafür entwickelte sich ein Bereich in Mitte zum »Medizinischen Versorgungs-Zentrum (MVZ)« und ein privat geleitetes Zentrum für Traditionelle Chinesische und Integrative Medizin zog ein. Auch ein Dialysezen-

Bettenhaus »Vincent von Paul« mit dem neuen Dialysezentrum

trum wurde neu eingerichtet. Im Dezember 2002 richtete das Haus, von der Caritas unterstützt und in Zusammenarbeit mit dem Tempelhofer St. Josef-Krankenhaus, auch eine Babyklappe ein, die im Januar 2003 erstmals in Anspruch genommen wurde, inzwischen aber längst wieder geschlossen ist.

Ebenfalls 2002 wurden die Psychiatrischen und Psychotherapeutischen Abteilungen der Versorgungs-Regionen Wedding und Tiergarten von den Alexianer-Brüdern übernommen. Beide Abteilungen begannen etwa zur gleichen Zeit eine Kooperation mit den entsprechenden Bereichen der Charité und wurden dem dortigen Lehrstuhlinhaber unterstellt. Sie firmieren jetzt als »Psychiatrischen Universitätsklinik der Charité im St. Hedwig-Krankenhaus«.

Mit dem Deutschen Beckenboden Zentrum wurde 2004 am St. Hedwig-Krankenhaus die erste und bundesweit einmalige interdisziplinäre Einrichtung zur Behandlung von Formen der

Panorama-Ansicht des St. Hedwig-Krankenhauses von der Großen Hamburger Straße aus

Inkontinenz etabliert. Es folgte dann 2010 die ebenfalls deutschlandweit erste Klinik für Urogynäkologie. Ein neues Bettenhaus wurde 2012 feierlich eingeweiht und nach dem Caritas-Begründer Vinzenz von Paul benannt. Bisher jüngste Neuerungen sind die Eröffnung einer Soteria zur alternativen Behandlung junger Menschen in psychischen Krisen 2013 und ein Jahr später die Einrichtung einer Palliativ-Station.

Immer in Bewegung, immer nach neuen Lösungen suchend, das ist das St. Hedwig-Krankenhaus von Anbeginn an. Abschließend noch eine bezeichnende Marginalie.

Auch wenn das St. Hedwig-Krankenhaus den Alexianern untersteht, die Borromäerinnen sind immer noch da. Und als zum Jahreswechsel 1998/99 der Berliner Senat das Haus schließen wollte, zogen die frommen Schwestern schweigend und mit Kerzen in der Hand zum Roten Rathaus und warteten, bis der Regierende Bürgermeister Diepgen sie endlich empfing. In einer wei-

teren Aktion zogen die Nonnen, mit Trillerpfeifen ihren Unmut kundtuend, zum Amtssitz der Gesundheitssenatorin, drangen in den Sitzungssaal ein und standen würdig stumm, aber die Regierungsbehäbigkeit störend in der Konferenz. Berlin hielt den Atem an, die Ordensschwestern waren tagelang Stadtgespräch, wie damals, als die ersten in Berlin ankamen. Das Haus war gerettet.

DIE SPANDAUER VORSTADT – WEGE ZUM LEBEN
ODER: STAUNEN, SAMMELN UND GENIESSEN
Veit Stiller

Die Spandauer Vorstadt war einst ein Schmelztiegel: Berlin im Kleinen. Hier trafen Armut und Wohlstand, Überfluss und soziales Engagement, Hinterhof-Fabriken und Kleinhandel aufeinander; die Prostitution blühte und flanierende Müßiggänger fühlten sich hier ebenso zu Hause wie Nachtschwärmer und die Künstler der nahe liegenden Theater und Varietès. Hier war der Pulsschlag Berlins zu spüren.

Es ist folglich wenig verwunderlich, dass ein Stadtviertel mit derart vielfältiger und bewegter Geschichte, mögen auch hier und da Baugerüste und Krane Wandel und Zukunft signalisieren, sich auch heute in schönster Vielfalt und immer in Bewegung präsentiert. Und das ist doch etwas wie ein Wunder:

Die Nazis wollten »ausmerzen«, was an Toleranz und Miteinander und Vielfalt hier über Jahrhunderte gewachsen war; und die DDR-Oberen führten das mit kaum geänderten Prämissen weiter. Die Mulack-Ritze, eine traditionelle Kohlentrimmer-Kneipe in der Mulackstraße, in der sich auch Straßenstrich-Nutten nächtens aufwärmten und Künstler wie Gustav Gründgens, Marlene Dietrich oder Claire Waldoff sich gern aufhielten, wurde in den 1950er Jahren geschlossen und gut zehn Jahre später das Haus abgerissen. Charlotte von Mahlsdorf, damals noch Lothar Berfelde, rettete seinerzeit die komplette Inneneinrichtung und

Sophienstraße mit dem Restaurant »Sophien 11«

begründete damit das Gründerzeit-Museum in Mahlsdorf. Die einzige erhaltene »Zille-Kneipe« ist also nicht mehr im Scheunenviertel ...

Wenig vor Ende der DDR war die Sophienstraße für 750-Jahre-Berlin als Vorzeigeobjekt mehr oder weniger oberflächlich herausgeputzt worden; den Rest des Areals ließ man verkommen und verwahrlosen, beraubte ihn damit seiner Historie und Originalität. Es war sogar schon begonnen worden, diesen »Schandflecke im Herzen der DDR-Hauptstadt« durch »schöne neue Plattenbauten« zu ersetzen.

Allerdings hatte das Projekt »Vorzeigeobjekt Sophienstraße« auch eine, aus dem gleichen Dünkel resultierende Nebenwirkung: weil die geschichtslosen Regenten die Straße als Alt-Berlin vorzeigen wollten, sollten hier auch alte Gewerke siedeln. Das war für manche, wie Instrumentenbauer, Gastronomen und Händler für Devisen bringende Erzgebirgs-Folklore gewiss ein Segen und für andere, die hier einfach nur lebten, wohl ein sehr heftiger Einschnitt.

Vorbei gegangen scheint dieser Einschnitt jedoch an der Bäckerei Balzer. Dem ist aber ganz und gar nicht ganz so.

Ein altes Foto: Vor der offenen Ladentür und neben dem in drei Etagen üppig mit Auslagen gefüllten Schaufenster einer »Bäckerei & Konditorei« stehen vier Personen, in Fotografier-Pose in der Sonne aufgereiht. Durch die einheitlich erscheinende weiße Kleidung, alle tragen lange Kittelschürzen und drei auch Kopfbedeckungen, ist auf den ersten Blick nicht auszumachen, wer Männlein oder Weiblein ist. »Das da ist meine Mutter«, sagt Waltraud Balzer und zeigt auf die barhäuptige Person, »das ganz links ist der Konditor-Meister, rechts steht der Bäcker.« Das Foto hängt im Verkaufsraum der Bäckerei, gleich neben der Tür. Diese ist aber eine andere als auf dem Foto.

Aus Westpreußen war 1924 das Ehepaar Gertrud und Ernst Balzer gekommen, hatte ein paar Räume erworben und eine

Historisches Foto der Bäckerei Balzer

Bäckerei eingerichtet, zwischen einer winzigen Eckkneipe und einem Sargladen. »Die Eröffnung der Bäckerei war am 6. September 1926, aber in der Großen Hamburger Straße 37. Hier sind wir erst seit 1984«, sagte Waltraud Balzer, die das kleine Unternehmen von ihren Eltern übernahm, vor einiger Zeit im Gespräch. Inzwischen ist sie hoch betagt und steht immer noch gelegentlich selbst im Laden. Sie ist neugierige Fragen nach Foto und Firma gewöhnt, auch wenn es ein bisschen stört, denn andauernd klappt die Ladentür für Kundschaft: 100 g Buttergebäck bitte, drei Brötchen und ein halbes Brot, ein Schweineohr – müssen Sie nicht erst einpacken, das esse ich gleich ... So geht das den ganzen Tag. »Wir backen alles selbst, aber ich habe jetzt nur noch zwei Bäcker und Konditoren.« Und auf die Frage nach dem Nachtbackverbot antwortet sie: »Ach, das gibt's doch gar nicht mehr. Zu DDR-Zeiten war das ganz schlimm: da durfte der Meister erst 3 Uhr 15 die Backstube betreten, die Gesellen eine halbe Stunde später. Ich kann Ihnen sagen! Na, wenn halb Acht die Tür aufging, wollten die Leute ihre Brötchen und Brot, und wenn das so frisch war, da kann man das ja gar nicht teilen; na sagen sie das mal den Leuten … . Heute ist das alles ganz anders.« – Ein Liebesknochen mit Vanille-Pudding zum hier essen und eine Tasse Kaffee werden verlangt: die junge Frau sieht aus, als ob sie aus der Nachbarschaft kommt und hier, in der letzten »richtigen« Bäckerei in Berlins Mitte ihre Mittagspause verlebt.

Aber es gab damals auch in der DDR viele junge Leute, die auf der Jagd nach freiem Wohnraum waren und Ideen hatten. – Der Prenzlauer Berg war inzwischen regelrecht übervölkert, also hatte eine Handvoll Künstler gerade hier in diesem Biotop rund um die Auguststraße begonnen, in leer stehende Häuser einzuziehen und sofort versucht, sie vor dem völligen Verfall zu bewahren und notdürftig her zu richten. Ähnlich wie Besetzer in der Bundesrepublik seit den 1960er Jahren.

Ihnen ging es jedoch nicht nur um Träume, sondern vor allem um Zukunft, die in der DDR wohl keiner mehr so recht sah. Außer in den Besetzungen am Prenzlauer Berg und im Friedrichshain – und nun auch hier. Sogar eine mehr oder weniger illegale Galerie gab es. Sie nannte sich »Wohnmaschine«, weil der Betreiber, Friedrich Loock, die Werke befreundeter Künstler in seiner Wohnung präsentierte und (verbotene Privat-) Verkäufe nur dezent anbahnte … Unter anderem Namen und an anderem Ort besteht die Galerie immer noch.

Das ist ein nahezu folgerichtiger, normaler Vorgang in einem so vitalen Areal wie der Spandauer Vorstadt: Da-sein und bleiben, kommen und weitergehen, endlich ankommen um zu bleiben.

Etwa zur gleichen Zeit, da Friedrich Loock kurz vor dem Ende der DDR seine Wohnung zur Galerie umfunktionierte, entdeckten und besetzten einige Künstler das augenscheinlich älteste Haus der Auguststraße, das im Volksmund nur »Margarinefabrik« hieß. Diese war seit Jahren still gelegt und befand sich in den Fabrikbauten aus dem späten 19. Jahrhundert, hinter einem spätbarocken Bürgerhaus in der Auguststraße. Sie reichte bis zur Linienstraße und war eigentlich schon zum Abriss freigegeben. Die großen Räume der Fabriketagen boten den Künstlern zwar ideale Atelierbedingungen, hatten aber keinerlei Ausstattung irgend einer Art. Nach dem Mauerfall dauerte es nicht lange, bis sich auch Maler, Skulpteure und Objektebauer aus anderen Ländern dazu gesellten.

Etwa zur gleichen Zeit fand sich eine Gruppe von Kunstenthusiasten um Klaus Biesenbach ein paar Häuser weiter in einer ehemaligen Likörfabrik zusammen, um Ausstellungen zu organisieren und ein Zentrum für Moderne Kunst im gerade wiedervereinigten Berlin zu schaffen. 1991 zogen sie in die baufällige »Margarinefabrik« und im Herbst des Jahres fand dort die erste Ausstellung der »Kunst-Werke Berlin« statt.

Immer noch war alles notdürftig und provisorisch, von der Heizung bis zu den Sanitäranlagen. Aber eben diese Atmosphäre von Verfall und Aufbruch in der sich gerade zur Kunstmeile mausernden Auguststraße wirkte wie ein Magnet und die Kunst-Werke waren quasi über Nacht zum Motor geworden. Die Mischung aus Ausstellungsräumen und Ateliers wurde zum grundsätzlichen Konzept und hatte bei aller Improvisation einen ganz eigenen Charme. Ausstellung für Ausstellung ging es weiter, bis Mitte der 1990er Jahre die Kunst-Werke ihre Pforten schlossen und nach dreijähriger Sanierung 1999 wieder öffneten. Während der Bauphase blieben die Macher aber keineswegs untätig und machten mit der Organisation oder Kuratierung von Kunstveranstaltungen ihrem Ruf als Kunstvermittler alle Ehre.

Seit der Rekonstruktion unter denkmalpflegerischen Aspekten präsentieren die Kunst-Werke ihre Ausstellungen auf 2500 qm Fläche und nutzen dafür auch den Hof. Für diesen hat der Amerikaner Dan Graham den Gläsernen Spiegel-Kubus, Kunstwerk und Gebäude in einem, das Café Bravo, geschaffen, der das Bild des Hofes bestimmt und zugleich die Openair-Installationen reflektiert. Da das Café Bravo im Sommer auch den Hof bespielt und gern für Feste und Feiern genutzt und gemietet wird, ist ein Ort entstanden, an dem Kunst und Genuss sich treffen.

Aber die Räume der »KW Institute for Contemporary Art«, wie sie offiziell heißen, stehen nicht nur der Kunst-Präsentation offen, sondern auch politischen und kulturpolitischen Themenschauen. Bereits 1996 wurde die Berlin Biennale ins Leben gerufen, die hier seit 1998 ihre Heimstatt hat und von der Kulturstiftung des Bundes getragen wird. An politischen Themen-Ausstellungen seien zwei besonders hervorgehoben: Die Ausstellung zu den Verbrechen der Wehrmacht, die in den Räumen zu Gast war, und die von den KW co-kuratierte Ausstellung »Zur Vorstellung des Terrors – die RAF-Ausstellung«.

Die Präsentation zur Eröffnung der Kunst-Werke bestritt damals vor mehr als 20 Jahren, von der Kuratorin eingeladen, eine Galerie aus Leipzig.

Unter ähnlichen Umständen wie Friedrich Loock seine »Wohnmaschine« in Berlin hatte Gerd Harry (genannt Judy) Lybke auf einem Fabrikgelände in einem Leipziger Vorort seine Galerie »Eigen + Art« gegründet, nach der Wende in der DDR vorübergehend frei stehende Räume, auch im Zentrum der alten Messestadt, genutzt und sie in die Öffentlichkeit geführt.

»Ich war total verblüfft, dass so viel Presse zu der Ausstellung in die Kunst-Werke kam und in allen Zeitungen etwas veröffent-

Portal mit Zugang zu den Kunst-Werken (KW)

licht wurde. In Leipzig hatte ich jahrelang getan und gemacht und es gab nicht eine Pressereaktion«, erinnerte sich Lybke zehn Jahre später an seinen Start in Berlin. Inzwischen ist er der Global Player hier im Quartier.

Angesichts des Erfolges überlegte er seinerzeit, ob er auch weiterhin etwas in Berlin machen solle, und entschied sich für eine temporäre Galerie als Dependance der Leipziger. »Die erste Frage war: wohin? Nach Charlottenburg oder nach Kreuzberg, oder vielleicht in den Prenzlauer Berg, der damals gerade in Mode war? Ich entschied mich schließlich für Mitte und war damit der erste Neuzugang.« Lybke fand leer stehende Ladenräume und zog ein. – Nach reichlich einem Jahr entschied Lybke, aus der temporären Galerie eine ständige zu machen und in Berlin zu bleiben. Er zog auch selbst hierher. Das Leipziger Stammhaus wurde damit zur wirtschaftlich eigenständigen Zweigstelle, zog dort mehrfach um und später mit anderen Galerien in eine ehemalige Baumwollspinnerei.

Bald stand »Judy« Lybke in den späten 1990er Jahren vor der Frage, in welche Richtung sich alles entwickeln sollte: die Ausstellungsfläche vergrößern oder Arbeitsräume für die Künstler schaffen. Lybke: »Sinnigerweise wollten die Künstler mehr Raum für Ausstellungen. Heute sind sie froh, dass ich mich damals mit den Ateliers durchgesetzt habe.« Dass er heute noch in der Auguststraße sitzt, nein: residiert, und keinerlei Ambitionen verspürt, wie andere das Quartier zu wechseln, erklärte er bereits vor fünfzehn Jahren so: »Wenn ich neu nach Berlin käme, würde ich gucken: wo ist die Museumsinsel, wo das Kulturforum, wo der Hamburger Bahnhof, wo sind die Kunst-Werke. Und dann würde ich genau in die Mitte gehen, dahin wo ich jetzt schon bin.« Gegenwärtig fügt er nur noch hinzu: »Die Sammlung Olbricht ist dazu gekommen.«

Auch gefällt ihm, dass die hektische Zeit der »angesagten« Galerie-Meile vorbei ist, und eine Durchmischung stattgefunden

Gerd Harry Lybke: den Blick immer nach vorn

hat: »Der Kiez ist wunderbar urban, das finde ich gut. Bloß kein Kunst-Ghetto!« Bis 1997 hatte Gerd Harry Lybke in London, New York und Tokio temporäre Galerien unterhalten, danach nicht mehr, weil seine Wahl letztlich immer wieder auf Berlin gefallen wäre. Seine Galerie war weltweit bekannt geworden, wozu also »unnütz« Geld ausgeben. Denn »junge Kunst« geht nur in Berlin – das ist seine feste Überzeugung, die sich auf die Offenheit der Stadt und ihr ständiges »in Entwicklung sein« gründet, aber auch auf die Tatsache, dass hier, im Gegensatz zu München, London oder Paris auch die Mieten für Ateliers noch für junge Künstler erschwinglich sind. Das Profil seiner Galerie hat Lybke niemals festgelegt: »Ich bin immer den Künstlern nachgegangen, habe ihnen nie Vorgaben gemacht.«

Folglich sind alle Künstler aus den Anfangszeiten bis heute bei ihm geblieben; andere, vor allem jüngere sind dazu gekommen: die in den USA lebende Griechin Despina Stokou, Bosco

Sodi aus Mexico-City, der Erfurter Kai Schiemenz, der Franzose Marc Desgrandchamp oder die New Yorkerin Katie Armstrong.

Der Einzug von »Eigen + Art« in die Auguststraße hatte damals ebenso Magnetwirkung wie der der KW. Andere zogen nach und regelrecht in Windeseile entstand rund um die Auguststraße eine vielfältig schillernde Galerien-Landschaft; die hat inzwischen die sensationssüchtige Hektik verloren und sich auf »normal« eingepegelt.

Etwas hatte »Judy« von Anbeginn an (das meint auch den Start in Leipzig) ausgezeichnet: ein treffsicheres Gespür für den Puls der Zeit – von morgen. So ist er mit seiner Galerie, alten Prämissen getreu, auch heute noch in der Auguststraße, die längst keine Galerie-Meile mehr ist, sondern das Zentrum einer Ansammlung von Kunst-Orten. – Den voraus geeilten Künstlern und Galeristen, Friedrich Loocks Wohnmaschine ist nur noch Eingeweihten ein Begriff, sind längst andere gefolgt: Entwickler und Gestalter für alles denkbare von Schmuck über Mode bis Medien-Design, Theater, Varietés und Kabaretts, Musik-Clubs, Museen und private Sammlungen; auch Film-Produzenten und Synchron-Studios.

Judy Lybke und seine Galerie »Eigen + Art« sind geblieben. Anfang der 2000er Jahre wurde das Haus von Grund auf umgebaut. »Um nicht umziehen zu müssen«, sagt Lybke leicht hin; »Veränderung ist Entwicklung, man muss in Bewegung bleiben.« Kunsthändlerisch tätig zu werden hat er kein Interesse, das wäre für ihn der Beginn des Erstarrens. Statt dessen erfand er, als das Galeriehaus umgebaut wurde, das Eigen + Art LAB. Die Idee zu so einem Kunst-Labor hatte er bereits 1993 in Leipzig und das LAB inzwischen neu definiert und zu einer Plattform entwickelt, auf der die Galerie jungen Künstlern die Möglichkeit gibt, sich

Galerie EIGEN + ART in der Auguststraße

vorzustellen und gleichzeitig zu testen, ob die Chemie zwischen Künstler und Galerist funktioniert. Das Berlinern LAB residierte zunächst in der ehemaligen jüdischen Mädchenschule, ist inzwischen in die Torstraße umgezogen. Eigentlich nur als Interim gedacht, hat sich die alte Idee neu belebt. Sie dient zugleich der Galerie als ein Schritt, neue Strategien zu entwickeln: Nach Lybkes Ansicht, und damit steht er in der Branche bei weitem nicht allein, sind die Tage der klassischen Galerie gezählt, es gilt also beizeiten neue Wege zu finden, um zu überleben.

Anfang der 1990er Jahre kam der Betriebswirt Marcus Deschler hier her, als Controller einer Handelskette und Vorstandssprecher für den Standort Berlin. In Süddeutschland in einem kunstaffinen Elternhaus aufgewachsen, faszinierte ihn die damalig extrem quirlige und pulsierende Kunstszene in der Hauptstadt. Mit einem Maler, den er aus seiner Heimat kannte, streifte er immer wieder durch die bekannten und neu entstehenden Kunstquartiere. Und was er erlebte, war viel frischer und dynamischer als die Kunstszene, die er aus der alten Bundesrepublik kannte: alles hatte, im Gegensatz zur behäbigen Sattheit daheim, den Charakter eines einzigen großen Projektes, das in alle Richtungen offen war.

Zuerst war es nur so ein Gedanke: noch einmal etwas Neues versuchen. Als gestandener Betriebswirt jenseits der dreißig stürzt man sich allerdings nicht einfach in ein Abenteuer, aber nach reiflichem Überlegen und Wägen kam Marcus Deschler zu der Einsicht: »Wenn noch einmal was ganz Neues, dann jetzt.« Und so beschloss er, es probeweise zu versuchen, mit einem Partner und für zweimal drei Wochen. Das Experiment war außerordentlich erfolgreich und Deschler entschied, es auf zwei Jahre auszudehnen, immer noch probeweise, und ergatterte, auf eine Zeitungsanzeige hin, auch Räume zu günstigen Konditionen. Anfang November 1995 öffnete die Galerie Deschler mit der ersten eigenen Ausstellung ihre Pforten.

Aus den geplanten zwei Jahren sind inzwischen zwanzig geworden, die Räume erfuhren währenddessen eine langwierige aber behutsame, viel Altsubstanz erhaltende Renovierung und die Galerie agiert längst weltweit. Bald trat Deschler damals auch dem Landesverband Berliner Galerien bei und wurde nach drei Jahren erfolgreicher Galeriearbeit schließlich zu dessen Vorsitzenden gewählt. Den Vorsitz gab er inzwischen ab, denn seit sieben Jahren ist er stellvertretender Vorsitzender des Bundesverbandes. In beiden Verbänden ist er für seine Berufskollegen kulturpolitisch aktiv.

Die Galerie präsentiert ein breites Spektrum verschiedenster künstlerischer Handschriften: Holger Bär baut Malroboter und deren Werke, Patricia Waller häkelt böse-skurrile Figuren und KEHL präsentiert hochglanzlackierte Figuren nach erzgebirgischem Vorbild. Stefan Roloff fertigt digitale Morphings von Fotografien, Hans van Meeuwen zeigt höchst ungewöhnliche Sichten auf Alltagsgegenstände und die Wienerin Deborah Sengl setzt sich bissig spitz und kritisch und mit Hilfe von Tierpräparaten mit dem Selbstverständnis der Gesellschaft auseinander.

Für das Frühwerk der von der Galerie vertretenen Rainer Fetting, Salomé, Elvira Bach und Xenia Hausner ist Marcus Deschler auch kunsthändlerisch tätig.

Die »Galerie Berlin« von Ulrike und Rüdiger Küttner und Rainer Ebert begann ihren Weg als private Galerie mit der ersten eigenen Ausstellung im November 1990 und ganz und gar nicht in der Spandauer Vorstadt.

Ihre Wurzeln reichen freilich weiter zurück und liegen tief in der DDR. Nach mehreren verschiedenen Standorten zog die Galerie zunächst in repräsentative Räume im KunstHof in der Oranienburger Straße.

Der entwickelte sich damals recht hoffnungsvoll: mit mehreren Galerien, einer Pantomime-Schule, einer Buchhandlung, einigen Studios und auch Gaststätten. Heute dominieren Schmuck-

und Modedesigner und Restaurants den Hof. Viel Beliebigkeit, einmalig jedoch ist die Tadshikische Teestube. Der original-getreue Nachbau wurde 1974 auf dem sowjetischen Pavillon der Leipziger Messe vorgestellt und ging danach als Schenkung in das Palais am Festungsgraben. Wegen dortiger Restaurierungsarbeiten zog die Teestube 2012 von da in den KunstHof. Hoch an der Wand darüber prangt allerdings noch das Signet der Galerie Berlin.

Sie übersiedelte im Jahre 2002 in die jetzigen Räume – nicht ganz: kürzlich erweiterten sie ihre Ausstellungsfläche um die benachbarte einer anderen, fortgezogenen Galerie.

Küttner und Ebert sind Kunsthändler von altem Schrot und Korn, sehen ihre Unternehmung als »eine Sammler-Galerie mit konservativem Unterbau und zukunftsorientierter Fantasie«. Diese Aussage, die auf den ersten Blick als Ungetüm erscheint, offenbart tatsächlich eine beinahe salomonische Weisheit und bringt die über Jahre gewachsene Philosophie der Galeristen auf den Punkt. Mit Schwerpunkt auf zwei sogenannten »Schulen«, der Berliner und der Leipziger, präsentieren sie expressiv-figürliche (Lutz Friedel und Werner Liebmann) und expressiv-abstrakte (Walter Libuda und Hartwig Ebersbach) Positionen der Malerei ebenso wie neo-realistische (Gudrun Brüne) und lyrisch abstrakte (Joachim Böttcher und Sati Zech) und dazu Bildhauerei (Klaus Hack). Nicht zu vergessen der Maler Johannes Heisig mit seiner eigenwilligen, aber herausragenden Farb- und Formensprache.

Daneben wurden und werden auch die inzwischen verstorbenen Bernhard Heisig und Clemens Größer von der Galerie Berlin vertreten.

Aber Rüdiger und Ulrike Küttner und Rainer Ebert bieten auch jüngeren Künstlern die Möglichkeit, ihre Werke vorzustellen, sofern diese das künstlerische Gefüge der Galerie nicht sprengen. Als Beispiele seien Silke Weyer, Christoph Bouet und Agnes Sioda de Vito genannt.

Die Galerie arbeitet mit vielen Museen und Privat-Sammlungen zusammen und agiert weit über die Grenzen Deutschlands hinaus.

Die Galerie von Dr. Doris Leo und Helle Coppi begann ihren Weg in einem Plattenbau auf der Fischerinsel und mit einem Paukenschlag: Bilder von Harald Metzkes und Skulpturen von Werner Stötzer wurden gezeigt und die Festrede für die beiden langjährigen Freunde hielt Heiner Müller. Das war 1990.

Derzeit und nach einigen anderen Standorten, einem davon in den Hackeschen Höfen, die aber auch immer mit Metzkes / Stötzer eröffnet wurden, hat die Galerie seit gut zehn Jahren ihre Heimstatt in der Auguststraße gefunden. Der letzte Umzug, von den Hackeschen Höfen hierher, geschah ganz pragmatisch: die damals neuen Räume waren für die Präsentation von Ausstellungen komfortabler. Außerdem boten sie in einem bequem zugänglichen Souterrain die Möglichkeit zu Kabinett-Ausstellungen. Diese sind neben kleinen Hommagen, wie zum Beispiel an Arno Mohr, zumeist für die Vorstellung junger Künstler reserviert.

Die Bilder von Harald Metzkes zeigt die Galerie natürlich immer noch, dazu auch die Skulpturen seines Sohnes Robert. Vom inzwischen verstorbenen Werner Stötzer betreut die Galerie den Nachlass – gemeinsam mit der Witwe, der Bildhauerin Sylvia Hagen, die ebenfalls von der Galerie vertreten wird.

Auch der Nachlass des Malers Hans Laabs liegt bei der Galerie Leo.Coppi in guten Händen.

Neben Künstlern wie Hertha Günther, Ellen Fuhr und Hans Scheib, die schon von Anfang an von der Galerie sowohl in den Ausstellungsräumen als auch europaweit auf Messen präsentiert werden, sind andere dazu gekommen. So der in den letzten Jahren auch weltweit bekannt gewordene Bildhauer Michael Jastram und der Holzschneider Klaus Süß.

Aber auch wenn den Galeristinnen Bewerbungen junger Künstler aus ganz Deutschland regelrecht zuflattern, verfolgen sie jedoch besonders die Kunsthochschulen von Berlin und Dresden. So können sie ihren Klienten und Sammlern aus Deutschland, Europa und besonders den USA immer wieder auch junge Künstler vorstellen, die zu besten Hoffnungen berechtigen, etwa Ulrike Pisch und Klaus Schiffermüller. Besonders in den USA erfolgreich ist der Dresdner Ulrich Gleiter, der an der St. Petersburger Repin-Akademie studierte und von dieser als erster Nicht-Russe mit einem Preis für Landschaftsmalerei ausgezeichnet wurde.

Hier im Quartier, wo hinter den Fassaden der Vorderhäuser einst Fabriken in den Remisen ansässig waren, haben es die Höfe auch heute noch in sich.

Zu den längst arrivierten ehemals Jungen Galerien gehört die von Tim Neuger und Burkhard Riemschneider. Die Galerie Neugerriemschneider entstand in den Boomjahren, aber sie öffnete ihre Pforten 1994 in der Charlottenburger Goethestraße. Und das, obwohl sie von den Galerien des Auguststraßen-Revieres heftig umworben worden waren, doch auch hier her zu kommen. Tim Neuger: »Der Rummel um die Auguststraße hatte uns abgestoßen.« Nach drei Jahren erfolgreicher Arbeit sind die beiden aber doch nach Mitte gekommen und haben seit September 1998 mit den Räumen einer ehemaligen Pumpenfabrik die einzige Galerie mit Oberlicht. Neuger: »Die Gegend hier ist sehr lebendig geworden. In Charlottenburg kam das Publikum zielgerichtet zu uns, hier kommen viele Gelegenheitsbesucher. Wen die Kunst interessiert, der kommt zu uns. Alles andere ist Romantizismus.« Neuger und Riemschneider, die schon lange befreundet waren und über Kunst und Positionen stritten, kamen über Kunstgeschichte, Kuratieren und Verlagsarbeit sowie lange Aufenthalte in den USA zur eigenen Galerie, die heute mit bis zu zwanzig Mitarbeitern agiert und weltweit eine feste Adresse ist für international renommierte Künstler ist, wie den Dänen Ólafur Elíasson und den Chinesen Ai Weiwei; aber auch für Franz Ackermann, Michel Majerus, Turner-Preisträger Simon

Starling, Tobias Rehberger, Pes White, Rirkrit Tiravanija und viele andere.

Auch die Galerie Kuckei + Kuckei ist ein »Hof-Imperium«. Von den Brüdern Ben und Hannes Kuckei 1993 gegründet, zog sie fünf Jahre später in die Linienstraße um. Dort bewirtschaftet sie einen Teil der einstigen Fabrikräume im Quergebäude, das Souterrain darunter und große Teile der Remise im zweiten Hof. Auf internationale Konzeptkunst orientiert, widmet sich die Galerie vorrangig Künstlern, die sich mit Sprache und Kommunikation auseinandersetzen, wobei den Möglichkeiten und Grenzen der Fotografie ein besonderer Stellenwert zukommt.

Von den Kuckeis präsentiert wird der Isländer Hlynur Hallsson, der mit der Sprache als Kommunikationsmittel spielt; oder Joe Biel aus den USA, der mit Vorliebe Menschen in Momentaufnahmen von Extremsituationen darstellt. Die Münchnerin Barbara Probst beschäftigt sich mit der Vieldeutigkeit von Fotografie; und der Wiener Lois Renner betreibt »Formenforschung« indem er klassische Bildszenarien als Inszenierung für Fotografien nachstellt und diese dann in Beziehung setzt zum sonst unsichtbaren Chaos »hinter der Szene«. Last not least sei stellvertretend für alle Künstler der Galerie der Wahlberliner Jörn Vanhöfen genannt, der um die Welt zieht und in großformatigen Fotografien der Faszination von Landschaften nachspürt und dabei aber immer als Hauptaugenmerk seiner Betrachtungen die Hinterlassenschaften von Menschen mit im Bild einfängt.

Die Galerie Kicken, auf dem internationalen Markt führend auf dem Gebiet der Fotografie, ist zielgerichtet aus Köln hierher gezogen. Rudolf Kicken: »Köln ist im Prinzip ein überregionaler Regionalmarkt. Berlin ist eine Metropole. Meine Frau und ich haben in Charlottenburg und Mitte gesucht. Aber Charlottenburg ist schon so fertig, so vollendet, Mitte ist noch in Bewegung. Und ein wichtiger Kristallisationspunkt sind die Kunst-Werke. Als wir dieses Fabrikgebäude sahen, wussten wir: das ist es.« Er meint den gelben Backsteinbau, in den die Galerie damals einzog. Die Gegend mit einem Nebeneinander von Kunstgalerien verschiedenster Art, Avantgarde-Mode und Restaurants erinnert ihn an das Soho der 1970er Jahre. Es ist schon ein paar Jahre her, dass Kicken dies in einem Gespräch bekannte: der 1947 geborene Unternehmer-Sohn aus Aachen verstarb im September 2014.

Ursprünglich wollte Kicken Fotografie studieren, hatte sich an der Essener Folkwangschule beim legendären Otto Steinert beworben und war angenommen worden. Da aus dem Elternhaus jedoch »für solche Spielerei« keine Unterstützung zu erwarten war, hätte er sich selbst finanzieren müssen – und Steinert riet: Du kannst nicht nachts im Stahlwerk arbeiten und am Tage fotografieren. Also wurde Kicken Volkswirt. Und während des Studiums kaufte er in der Wiener Galerie Brücke sein erstes Foto. In New York lernte er Andrè Kertèsz und durch ihn die Light Gallery kennen. Er beschloss, die dort gezeigten Fotografen in Europa zu vertreten. Wenig später eröffnete er mit Wilhelm Schürmann in Aachen die Galerie »Lichttropfen« in einer Buchhandlung. »Das erste Foto verkaufte ich für 164 Mark an das Stedelijk-Museum«, erinnerte sich Kicken, »ab 1976 hatten wir eigene Räume und 1979 zog ich dann nach Köln um.« Und dort blieb die Galerie Rudolf Kicken zwanzig Jahre. Kicken: »In den zwanzig Jahren Köln habe ich zwei Bilder an Museen in Köln verkauft. Gelebt habe ich vom US-Markt und von renommierten Sammlern.

Bald war »Kicken« nicht nur eine Galerie, sondern die Adresse für Photographie schlechthin. Wohlgemerkt: Photographie, nicht einfach Fotos. Wer Arbeiten von Cartier-Bresson, Man Ray, Moholy-Nagy, Renger-Patzsch, Rodtschenko und anderen sehen oder kaufen wollte, wendete sich an Kicken. Daneben vertrat die Galerie aber auch Zeitgenossen, wie Bernd und Hilla Becher oder Modephotographen wie Richard Avedon, Horst P. Horst und Irving Penn. Eine lange Freundschaft verband Kicken mit dem in Berlin als Helmut Neustaedter zur Welt gekommenen Helmut

Sammler und Galeristen: das Ehepaar Annette und Rudolf Kicken (†)

Newton, den die Galerie seit 1987 weltweit exklusiv vertrat – und ihn auch an Museen vermittelte.

Wenn Rudolf Kicken sagte, er wäre 1999 nach Berlin gekommen, so war das zwar auf die Galerie bezogen korrekt, aber etwas anderes von der Öffentlichkeit weitgehend unbeachtet geblieben: er hatte gemeinsam mit Volker Diehl die Berliner Kunstmesse ART FORUM aus der Taufe gehoben.

Die Galerie »Kicken Berlin Photographie – Works on Paper« wurde im September 2000 in der Linienstraße 155 eröffnet. »Ich hatte immer schon eine Liebe zu Berlin. Und ab 1990 war abzusehen, dass Berlin die kommende Stadt in Deutschland ist. Die Künstler zogen schon sehr bald von Köln nach Berlin. Und bereut habe ich den Umzug nie: in Köln hatte ich 150 Besucher im Jahr, hier weit über tausend. Einer meiner Sammler ist ein Designer aus Nürnberg. Nach Köln ist er nie gekommen, in Berlin war er schon ein paar Mal. Es vergeht kein Wochenende, wo nicht ein

Sammler aus dem Rheinland hier in der Galerie ist. Hier sind ringsum witzige, kreative Menschen. Das einzige was fehlt, sind Bäume. Aber die Stadtplaner sagen, hier hätten nie welche gestanden.«

Kann man Berlin treffender beschreiben: weltoffen, mondän, kreativ, avantgardistisch, ausschweifend und rettungslos altfränkisch verschroben, alles zugleich.

Und war Kicken auch selbst Sammler? »Ja, meine Frau und ich sammeln. Nicht nur Fotos. Alte Globen zum Beispiel, oder Architekturzeichnungen. Alles, was uns gefällt. Und wenn ein großes Museum dann ein Foto kauft, ist das eine Ehre für uns.«

Die Notizen dieses zehn Jahre zurückliegenden Gespräches lesen sich wie ein Nachruf. Und das in mehrfacher Hinsicht. In den mittleren 2000er Jahren zogen die Galeristen Annette und Rudolf Kicken in ihren eigenen Neubau ein paar Häuser weiter, wo Kicken-Berlin heute noch zu finden ist. Dort war auch die umfangreiche Bibliothek in Sachen Fotografie zu sehen. Ungern nur und in Nebensätzen erzählte er, dass nicht nur bekannte Sammler regelmäßig Fotografien bei ihm erwarben, sondern auch Menschen in aller Ruhe und unentdeckt zu ihm kamen, die es gewohnt sind im Rampenlicht zu stehen. Die Galerie besteht selbstverständlich weiterhin und spielt, dank der sachverständigen Arbeit der Witwe auch nach dem Tod des Gründers weiterhin in der ersten Liga, aber die umfangreiche Sammlung gab das Ehepaar Kicken 2013 an das Städel-Museum nach Frankfurt am Main.

Um diese Auswahl von Galerien und Kunsthandlungen abzuschließen, seien noch zwei Unternehmungen genannt, die erst vor kurzem hier in der Spandauer Vorstadt angekommen sind, nach langem Weg und mit der Absicht zu bleiben.

Ende der 1990er Jahre eröffnete eine Gruppe Kunststudenten aus Dresden und Berlin eine gemeinsame Produzenten-Galerie und nannte sie »Rekord«, nach den Braunkohlen-Briketts der

Ausstellungsraum bei Kicken

DDR. Die Galerie bezog ein Ladengeschäft in der Brunnenstraße, etwa in Höhe der Kreuzung mit der Anklamer. Nach einem Jahr hielten es die jungen Künstler für ratsam, jemanden zu bestellen, der sich an ihrer statt um die Galeriearbeit kümmert. Sie fragten Martin Mertens, der sich schon erste Sporen verdient hatte. Mertens sagte zu – unter der Bedingung, dass er eigene Künstler mitbringen könne. Der erste war Jim Harris.

2005 löste sich die basisdemokratisch geführte Künstlergruppe auf, wie jeder Traum, und aus der Galerie Rekord wurde die Galerie Martin Mertens. Mit Matthias Kanter und Antje Blumenstein aus der Rekord-Gruppe arbeitete Mertens weiterhin zusammen, zog mit der Galerie zuerst allmählich die Brunnenstraße hinunter und dann 2013 in ihre jetzigen Räume in der Linienstraße ein.

Der erste »eigene« Künstler lässt schon die Intention vom Mertens ahnen: nicht klein-kleine Selbstbespiegelung, sondern international agieren. Bald nach Jim Harris kam Pius Fox dazu und jüngst auch der Rumäne Radu Belcin. Denn Mertens hat etwas, was man nicht lernen kann: ein untrügliches Gespür für junge Künstler, in denen weit mehr als Durchschnitt schlummert und aus denen also etwas werden kann. So geht er immer noch regelmäßig zu Hochschulpräsentationen. Kai Mailänder hat er dabei entdeckt; oder er sichtet auf internationalen Messen, auch wenn er selbst nicht ausstellt, was freilich immer seltener stattfindet. »Ich habe scheinbar ein gutes Händchen als Talentescout« scherzt er selbst, und ergänzt: »Talentsuche macht einfach Spaß.«

Das hat sich inzwischen herum gesprochen: Sammler und Museen, die ihre Kollektionen verjüngen oder auffrischen wollen, kommen zu Martin Mertens. Aber natürlich vergisst er darüber nicht die Künstler, die er von Anfang an vertritt und bekannt gemacht hat: und präsentiert sie europa- und wenn möglich weltweit.

Der ursprüngliche Name täuschte etwas: C & K unterwegs. Denn C & K sind hierher gekommen, um in der Joachimstraße zu bleiben und nicht mehr »unterwegs« zu sein. Die Kunsthistorikerin und Theaterwissenschaftlerin Karin Rase und die Germanistin und Romanistin Christiane Bühling-Schultz, die über zwanzig Jahre Teilhaberin einer prominenten Galerie in Charlottenburg war, schlossen sich 2012 zu einem gemeinsamen Unternehmen zusammen. Sie wollten »Galerie machen« und an verschiedenen, vorübergehend nutzbaren Orten Kunst präsentieren. Diese Idee ist alles andere als neu, aber sie erlebt derzeit eine Renaissance und bei C&K funktionierte sie sehr gut. So kamen sie auch 2014 in die Joachimstraße. Nun hat sich der Name geändert, denn der Schauraum bleibt und heißt fortan C&K Galerie. Hier zeigen die Damen weiterhin ihre Stammkünstler: die Grafikerin Angelika Arendt mit ihren an chinesische Holzschnitte erinnernden Zeichnungen, den gern mit Comic-Elementen arbeitenden Maler

Andreas Amrhein und Said Baalbaki, der als Maler einem symbolischen Realismus nachgeht. Oder dem mit Materialien experimentierenden Ali Kaaf, aber auch der Objektebauer Matthias Stuchtey und Nadja Schöllhammer mit ihren gern Raum greifenden Installationen gehören zum »Stamm«. Daneben bekommen immer wieder auch junge Künstler und »Entdeckungen« Gelegenheit, sich vorzustellen.

Spätestens jetzt ist es an der Zeit, die Wallfahrt durch die Kunstorte zu unterbrechen und den leiblichen Genüssen gebührend Raum zu bieten. Glücklicherweise gibt es hier im Kiez Orte, an denen beides möglich ist.

Da ist zunächst, in einem expressionistischen Klinkerbau, die ehemalige jüdische Mädchenschule.

Nachdem das 1930 eingeweihte Schulgebäude wie viele jüdische Sozialeinrichtungen zur Sammelstelle für Deportationen geworden war und dann Lazarett, wurde es 1950 wieder Schule und erhielt den Namen Bertolt Brecht. Das ging bis 1996, dann wurde die Schule geschlossen und verfiel. Im Jahre 2006 wurde der Bau zweimal kurzzeitig wieder eröffnet: im Frühjahr für eine Kunstausstellung und im Herbst für eine Gedenkausstellung zum 100. Geburtstag von Hannah Arendt. Schließlich wurde das Haus 2009 offiziell der Jüdischen Gemeinde Berlin übergeben, die langfristige Mietverträge zur kulturellen und gastronomischen Nutzung ausstellte. Diese begann nach aufwendiger Restaurierung dann 2012. Zu den ersten Mietern gehörte die Galerie Eigen + Art, die während des Umbaus der eigenen Räume hier für drei Jahre ihr Art-Lab betrieb.

Ebenfalls zu den Mietern der ersten Stunde gehörte die Galerie Michael Fuchs. Das heißt: eigentlich ist das falsch. Fuchs hatte die Örtlichkeit entdeckt und gemeinsam mit seinem Freund, dem Gastronomen Stephan Landwehr, maßgeblich dafür gesorgt, dass alles so werden konnte, wie es jetzt ist: Kunst und Genuss in einer faszinierenden Architektur. Fuchs, der in Charlottenburg lebt und sein Handwerk in New York gelernt hatte, bei Christie's und Sothebys, verwirklichte sich hier einen Traum – und natürlich ist die Galerie noch immer in der gesamten dritten Etage zu Hause und sorgt dort für großzügige Präsentationen zeitgenössischer Kunst. Dabei sind Werke international hoch dotierter Künstler wie Leiko Ikemura, Frank Stella, William Copley oder Oda Jaune zu sehen.

In die Etage darunter zog Ende 2012 das Berliner Museum The Kennedys ein. Zum einen hatte sich dessen bisheriger Standort am Pariser Platz als nicht wirklich günstig erwiesen: alle strömten vorbei und auf das Brandenburger Tor zu. Und zum anderen stand hier doppelt so viel Ausstellungsfläche zur Verfügung. Genau das war wichtig, denn die Betreiber des Museums, die Camera Work AG, hatte zur Ergänzung und Komplettierung der Kennedy-Schau noch viele weitere Exponate und Dokumente erworben, bzw. wollte sie aus dem eigenen Bestand bestücken. Und zum Dritten erhoffte man sich Synergie-Effekte, denn die ebenfalls zur Camera Work AG gehörende CWC-Gallery, was soviel heißt wie Camera Work Contemporary, richtete sich in der ersten Etage ein.

Im Hochparterre lockt in der ehemaligen Turnhalle das Restaurant Pauly Saal, das für seine gehobene Gastronomie in edlem Ambiente mit einem Michelin-Stern für 2016 ausgezeichnet wurde.

Wer hier die Köstlichkeiten genießt, wird zumindest unwillkürlich den Blick durch den Raum schweifen lassen – und die Rakete an der Wand entdecken: keine Sorge, sie ist zwar russischer Bauart, aber entschärft.

Im Sommer steht dem Restaurant auch der Schulhof als Gartenlokal zur Verfügung. Inhaber Stephan Landwehr betreibt mit seinem Compagnon Boris Radczun außerdem noch im ehemaligen Biologie-Lehrraum und immer zum Sabbat-Dinner das auf

Restaurant »Pauly Saal« mit einer (entschärften) russischen Rakete

jüdische Delikatessen spezialisierte Restaurant The Kosher Classroom. Natürlich auch mit gehobener Gastlichkeit. Sonntags wird ein Brunch angeboten, gern auch mit Klezmer-Musik.

Etwas preisgünstiger sind die Offerten von Mogg & Melzer. In ihrem Deli bringen Oskar Melzer und Paul Mogg klassische New Yorker Gastlichkeit nach Berlin. Ihr Angebot ergänzen sie gern durch Feinkostprodukte aus dem Pauly Saal. Die Einrichtung entspricht der eines klassischen Deli der 1930er Jahre.

Unmittelbar neben dem als »Kunst-Werke Berlin« gestarteten KW-Institute befand sich einst zum Sportplatz hin auch ein Unikum der Spandauer Vorstadt: mitten in der Stadt!, eine unansehnliche Brache. Heute strahlt da ein Neubau, das Domizil von »Me Collectors Room Berlin« der Stiftung Olbricht. Der Stifter Thomas Olbricht ist Mediziner und Kunstsammler und ganz nebenbei der Erbe eines großen deutschen Haarpflege-Unternehmens. In dem von Anbeginn als Museum konzipierten Bau zeigt Olbricht in wechselnden Ausstellungen große Teile seiner Sammlung moderner zeitgenössischer Kunst und gibt dazu auch anderen privaten Sammlern Gelegenheit, Exponate aus ihrer Kollektionen in Berlin zu zeigen.

Außerdem ist ständig die »Wunderkammer« zu bestaunen. Diese entstand nach dem Vorbild der Wunderkammern der Renaissance und des Barock. Auch in Berlin gab es weiland eine, und die bekannteste dürfte das Grüne Gewölbe in Dresden sein. Es werden 200 Schaustücke gezeigt, die im weitesten Sinne alle dem Thema »Vanitas« (alles ist eitel und nichtig) und dem damit unmittelbar verknüpften »Memento Mori« (Gedenke, dass du sterben musst.) zugeordnet sind. Neben Kunstwerken zu Eitelkeit, Scheitern und Sterben, wozu auch handwerkliche Meisterstücke gehören, sind da seltene Naturalien und wissenschaftliche und technische Instrumente und Anschauungsstücke zu sehen. Das alles dokumentiert den Wissensstand des 18. Jahrhunderts – und ist durchaus geeignet, zum Nachdenken über unsere Zeit anzuregen. Dazu werden spezielle Führungen angeboten, auch solche, die besonders für Kinder erarbeitet wurden.

Neben all dem haben bei »Me« junge Künstlerinnen und Künstler, Kuratorinnen und Kuratoren die Möglichkeit, ihr Tun vorzustellen und sich die ersten Sporen zu verdienen. Gutes altes Mäzenatentum in unsere Tage übersetzt.

Das Schönste jedoch: wenn man das Haus betritt, steht man in einer Lobby, die zugleich Café ist, mit offenem Küchentresen und modernen Möbeln von rustikaler Eleganz. Hier lockt ein kleines, erlesenes Angebot von pikanten Suppen, Quiches und Salaten, aber auch Kaffee, Kuchen und Näschereien.

Eine weitere solch besondere Kostbarkeit im Kunstquartier Spandauer Vorstadt ist die Sammlung Hoffmann, ein bewohntes Privatmuseum in den Sophie-Gips-Höfen. Und auch hier wartet im mittleren Hof, wo sich auch der Eingang zur Sammlung befindet, sehr beliebte Gastlichkeit: das Restaurant Barcomis Deli.

Mit Krokodil an der Decke: die »Wunderkammer«

Da ein vor einigen Jahren mit der Sammlerin Erika Hoffmann geführtes Gespräch immer noch aktuell ist, sei die Essenz daraus an dieser Stelle wiedergegeben.

Die Kollektion des Sammlerehepaares Erika und Rolf Hoffmann kann seit 1997 immer samstags von jedermann besichtigt werden. Die Idee, ihre Sammlung öffentlich zu machen, kam den Hoffmanns nach dem Mauerfall – und ist von dem russischen Textilfabrikanten Marosow übernommen, der zur Zarenzeit Matisse sammelte und sonntags sein Haus zur Besichtigung der Bilder öffnete. In Berlin stellten sie dann fest, dass es hier zum Anfang 20. Jahrhundert ähnliche Ansätze gab. Aber der Reihe nach.

»Angefangen hat es in den späten 1960er Jahren«, berichtet Erika Hoffmann, die seit dem Tode ihres Mannes 2002 die Sammlung allein weiterführt, »es war die Zeit, da man sich strikt von ›Bourgeoiser Besitzgier‹ distanzierte, und als ich dann 1968 mein erstes Multiple kaufte, gab es heftige Diskussionen mit meinem Mann. Von wegen bourgeoises Denken kommt durch die Hintertür.« Eine Marginalie, die aber nicht nur für den Zeitgeist damals bezeichnend ist. Der Vater von Rolf Hoffmann war Museumsdirektor in Mönchengladbach, und durch ihn bekamen die beiden direkten und intensiven Zugang zur Kunst. Von der Beschäftigung mit Kunst zum Wunsch, dieses oder jenes ständig um sich zu haben, ist es nur ein kleiner Schritt. »Wir haben ohne Strategie und meistens zufällig erworben, was uns gefiel und was uns beschäftigte – und vor allem, was für uns erreichbar war.« Als die Hoffmanns in Mönchengladbach ein Textilunternehmen aufbauten, wuchsen auch die Möglichkeiten zum Erwerb von Kunstwerken. Erika Hoffmann: »Mit der Ausdehnung des Unternehmens und der Eröffnung von Filialen auch im Ausland erweiterte sich unser Gesichtskreis. Angefangen haben wir mit der Gruppe ZERO und der Arte Povera, allmählich lernten wir auch immer mehr Künstler persönlich kennen, Freundschaften sind entstanden. So ist Stück für Stück eine Sammlung zustande gekommen. Aber wir haben das nie so gesehen, uns auch nie Sammler genannt.«

Das kam nach der Wende im Osten. Die Hoffmanns wollten einen Beitrag zur Wiedervereinigung leisten und dort jene zeitgenössische Kunst vorstellen, die bis dahin verboten oder verpönt war. Sie entschieden sich zunächst für Dresden und wendeten sich 1990 an Werner Schmidt, den späteren Generaldirektor der Dresdner Staatlichen Kunstsammlungen. Und in diesem Zusammenhang nannten sie sich erstmals »Sammler«. Gedacht war an ein Museum, dass aus etwa 40 internationalen Privatsammlungen bestückt werden sollte. Aber im immer schon eher rückwärts orientierten Elbflorenz entbrannte heftiger Widerstand; folglich zogen sich die Hoffmanns zurück. »Wir sagten uns: dann machen wir eben, was wir allein können. Und sahen uns in Berlin um. Durch Zufall entdeckten wir eine Annonce der Treuhand, in der dieses Grundstück angeboten wurde. Bei einem

Wettbewerb erhielten wir den Zuschlag, nicht zuletzt wohl, weil wir die Absicht hatten hier nicht nur zu investieren, sondern auch selbst zu wohnen.«

Nach dem Verkauf ihres Unternehmens in den 1980er Jahren hatten die Hoffmanns sich intensiv ihrer Sammelleidenschaft widmen können. Und nachdem nun der Ort gefunden war, allen zugänglich zu machen, was ihnen wichtig war, gingen sie zügig ans Werk. Das erworbene Grundstück reichte von den Wohnhäusern an der Sophienstraße über eine ehemalige Fabrikanlage bis zur Gipsstraße. Das gesamte Ensemble der Sophie-Gips-Höfe, wie es sich heute zeigt und das Flair, das von ihm ausgeht, ist Ergebnis der Vision der Hoffmanns. Aber zuvor galt es auch in Berlin etliche Hindernisse auszuräumen. Erika Hoffmann: »Da war besonders das Misstrauen in der Bezirksverwaltung Mitte. Die hatten ihre Vorstellungen und plötzlich standen ihnen richtige Kapitalisten leibhaftig gegenüber. Aber wir haben uns aneinander angenähert, das war nicht immer leicht, aber dann erhielten wir alle Unterstützung.«

Anliegen der Hoffmanns war es, ihr Leben mit Kunst für andere erlebbar zu machen. Daran hat sich nichts geändert. Bei Führungen in kleinen Gruppen wird die Begegnung mit Kunst und Künstlern vermittelt, Nachdenken über Kunst angeregt – und oft auch das eigene Nachdenken der Hoffmanns, als Rückkopplung auf die Reaktionen der Besucher: »Ich frage mich immer noch oft, was hat uns zu diesem ungewöhnlichen Schritt ermutig, der sich erst viel später als richtig erwies?« Zur Sammlung gehören Werke von Frank Stella und Gerhard Richter, Roni Horn und Jean-Michel Basquiat, Joseph Beuys und vielen anderen. »Wir wollten überrascht werden und suchten ständig nach Neuem. Wenn wir das Gefühl hatten, ein Werk stagniert, hörten wir auf, Arbeiten des Künstlers zu kaufen.« Und die Sammlung wächst immer noch weiter. Nach dem Tode ihres Mannes wollte Erika Hoffmann zunächst die Sammlung abschließen, entschied sich aber, sie nach ihren Gesichtspunkten weiter zu führen. Und jedes Jahr im Sommer wird umgeräumt, erhalten die Räume einen anderen Charakter. Es ist also durchaus möglich, dass beim zweiten Besuch sich eine ganz andere Ausstellung offenbart.

Und noch ein privates Museum. Diesmal jedoch der etwas anderen Art: das Ramones Museum Berlin. Zunächst nimmt man es gar nicht als solches wahr: aus dem kletternden Efeu ragt eine schwarze Fahne heraus, ein weißes Wappen darauf und der Schriftzug »Ramones«. Darunter stehen Würfel zum sitzen und Tassen abstellen, flankiert von schwarzen Aufstellern, mit weißer Kreide darauf die aktuellen Angebote notiert. Das ist das Café Mania. Ach, schießt es durch den Kopf, mal merken; und ein Blick hinein lässt einen aus sich selbst heraus leuchtenden Tresen erkennen, hinter und auf dem alles zu finden ist, was für Bier, Kaffee und Cocktails gebraucht wird. Der Gastraum zwischen Tresen und Fenster neben der Tür ist klein, aber urig, ausgestaltet mit Fotos und Schallplattenhüllen und auf einem großen Flachbildmonitor flimmert ein Rockkonzert. Mania heißt das Café und Beatles-Mania oder Saturday-Night-Feever erinnern sich. Da kommt durch eine halbhohe Pendeltür dem Tresen gegenüber ein Mensch mit leuchtenden Augen: aus dem Ramones Museum.

Das ist recht groß, zum Teil im Keller untergebracht und das einzige seiner Art auf der Welt. In Kreuzberg 2005 von Musikredakteur und Ramones-Fan Florian Hayler gegründet, residiert es seit Herbst 2008 in der Spandauer Vorstadt. Es präsentiert mehr als 300 Erinnerungsstücke: Tickets, signierte Plakate, Fotos, Vinyl-Platten und ihre Hüllen, Kleidungsstücke und andere persönliche Gegenstände der Ramones, dabei auch Teile von deren Bühnengarderobe. Die Ramones waren eine amerikanische Musikgruppe, die sich 1974 gründete und 1996 ihr letztes Konzert gab – auch davon sind Memorabilien zu sehen. Sie orientierten sich am Rock'n Roll der 1950er Jahre sowie den legendären Grup-

Die Schätze des Ramones Museums

pen der Beat-Ära und gelten heute als Urbild einer Punk-Band. Der Name der Gruppe geht auf ein Pseudonym Paul McCartneys aus dessen Anfangszeit zurück. Um den Eindruck einer Familie zu vermitteln, legten alle Band-Mitglieder ihre bürgerlichen Familiennamen ab und nannten sich Ramone. Wer mehr über sie wissen will, oder sich erinnern, wie das damals war, oder den Enkeln zeigen, wie Opas Jugend aussah, für den ist das Ramones Museum ein MUSS.

Das Ramones Museum schließt, auch wenn es der Musik gewidmet ist, wie es sich für ein Museum gehört, zu einer Zeit, da anderswo gerade die Tische gerichtet werden, bevor es dann später für die nächste Session heißt: Vorhang auf, Spot an. Zum Beispiel eine Ecke weiter in der Tucholskystraße.

Das Haus erscheint als wäre die Zeit stehen geblieben, als es mit der DDR zu Ende ging. Just in dieser Zeit entstand das »Zosch« als eine der ersten Restaurationen hier im Kiez in einer

Der Tresen im Zosch macht Lust auf mehr:
Im Keller darunter gibt es Live-Musik

ehemaligen Bäckerei. Die Gründer und Betreiber Mohamed Abdul Razzak und Johannes Heinrich legen wert darauf, dass es eine »Veranstaltungskneipe« ist. Vor dem Haus und im Hochparterre rustikale Kneipe und im Tonnengewölbe darunter, wo früher der Backofen stand, Raum für Veranstaltungen. Dem ist schon irgendwie auch so ... Tatsächlich aber ist das Zosch eine der angesagtesten Adressen Berlins für Jazz. Schwungvollen New-Orleans-Jazz präsentiert die Band »La*Foot Creole«, eine etwas andere Spielart des Jazz bringen »Just Friends«; beide kann man mit Fug und Recht als Haus-Bands bezeichnen. Aber auch Gastmusiker geben sich die Mikros in die Hand und spielen Blues, Boogie-Woogie, Ska, Rhythm&Blues und anderes. Alles in allem erinnert der Schlauch des Kellers mit dem Podium am hinteren Ende an das legendäre (alte!) Chicago-Blue. Und bald hat das Zosch diesen Status auch erreicht.

Es gibt noch einen zweiten Musik-Club, das inzwischen renommierte »b-flat« in der Rosenthaler Straße. Es begab sich 1995, da gründeten die in Dresden aufgewachsenen, griechischstämmigen Musikanten-Brüder Jannis und Thanassis Zotos gemeinsam mit dem Schauspieler André Hennecke den »b-flat Accoustic Music & Jazzclub«. Seit dem gibt es dort allabendlich Live-Musik, vor allem Jazz und natürlich »unplugged«; mittwochs finden Jamsessions statt – und es geht die Fama, da sei gelegentlich auch schon mal einer im Publikum aufgestanden und habe zum Instrument gegriffen, den sonst das ganze Auditorium in anderer Formation auf großer Bühne erlebte. Das mag Erfindung sein, es passt zum Flair des b-flat. Denn hier spielen sonst keinesfalls nur Newcomer, sondern auch bekannte Musiker aus Deutschland, wie Conny Bauer und Jürgen Tarrach, und aller Welt, wie die japanische Pianistin Aki Takase, die schwedische Sängerin Rigmor Gustafsson oder die Amerikaner Ed Partyka und Don Braden. Allen voran ist jedoch ein Grieche zu nennen: Mikis Theodorakis.

Aber es gibt in der Spandauer Vorstadt nicht nur Clubs für Jazz und andere Live-Musik oder Disco. Einer, am Rande des Areals in der Friedrichstraße gelegen und unterirdisch, wirbt mit dem Slogan: Hier lachen Sie Live! Und das völlig zurecht.

Eins nach dem anderen, denn angefangen hatte alles in Hamburg. Da begann 1992 Thomas Hermanns die Stand-up-Comedy nach anglo-amerikanischem Vorbild als eigenständige Bühnenshow zu etablieren. In der Kantine des Hamburger Schauspielhauses. Der Erfolg gab Hermanns recht und er zog mit dem neu entdeckten Bühnenformat an die Reeperbahn und bald erhielt er auch eine Show im Fernsehen. Dass es mit Otto Reutter, Karl Valentin, Heinz Erhardt und anderen auch deutsche Vorbilder gibt, wird dabei geflissentlich übersehen.

Als Hermanns dann 2002 die sogenannte »Kleine Revue« des Friedrichstadtpalastes angeboten wurde, zögerte er keine Sekunde und kam in die Hauptstadt. In Hamburg gibt es inzwischen eine Filiale. Jedenfalls wetteifern seit 2002 die Comedians um die Lachsalven des Publikums. Und sie kommen alle! Um nur einige zu nennen: Mario Barth und Gabi Decker, Josef Hader und Rüdiger Hoffmann, Gaby Köster und Cindy aus Marzahn, Dieter Nuhr und Oliver Pocher, Atze Schröder und Olaf Schubert, und, und, und …

Spätestens jetzt, nachdem die auf ihre Art elitäre Souterrain-Bühne vorgestellt ist, sollte die Aufmerksamkeit dem gesamten Bau gelten: dem Friedrichstadtpalast. Eigentlich dürfte er gar nicht so heißen, denn er steht, wenn auch am Rande, so doch gewiss in der Spandauer Vorstadt. Die Friedrichstadt ist ganz woanders. Auf der anderen Seite der Friedrichstraße, da wo Charité, Deutsches Theater und Berliner Ensemble sind, liegt die Friedrich-Wilhelm-Stadt. Genau dort gibt es die Straße »Am Zirkus«. Sie erinnert daran, dass hier einst eine neue, aber unrentable Markthalle zum Zirkus mit 5000 Plätzen umgebaut worden war und von 1873 an den Tieren und Artisten von Zirkus Renz und anderen als Arena diente – bis 1918 Max Reinhardt alles zum »Großen Schauspielhaus« verwandeln ließ. Der mit dem Umbau beauftragte Architekt Hans Poelzig sicherte sich mit der für das Haus ersonnenen Tropfsteinhöhlen-Architektur einen Platz im Architekten-Olymp.

Als dann 1924 Erik Charell das Haus übernahm, machte er es zum Revue-Theater, in dem die Comedian Harmonists, Claire Waldoff und viele andere Erfolge feierten. Damals ging der Stern auf, der heute noch strahlt. In den 1930er Jahren Operetten-Theater, ließen nach 1945 die Artistin Marion Spadoni und einige Kollegen das durch Bomben schwer beschädigte Haus wieder aufbauen, nannten es »Palast-Varieté« und gaben ihm den Charakter, den es heute noch hat: Varieté, Ballett, Girls-Reihe und Kinderensemble. Aus dem »Palast-Varieté« wurde 1947 der »Friedrichstadtpalast«. Der begeisterte mit eigenproduzierten

Revuetheater von Weltklasse: der Friedrichstadt-Palast

Revuen das Publikum und brachte mit der zulässigen Dosis Glamour für viele ein wenig Glanz in den DDR-Alltag. Auch über die vermauerten Grenzen hinaus erwarb sich »der Palast« einen guten Ruf – und diente auch als Gastspielort für Stars und Ensembles von Weltruf: Louis Armstrong und Gilbert Bècaud, Moskauer Staatszirkus und Indisches Nationalballett.

Noch heute streiten sich die Geister, ob der Charité-Neubau und die damit verbundene Absenkung des Grundwassers Schuld am Ende des alten Friedrichstadtpalastes war oder einfach nur die marode Bausubstanz nicht mehr mitmachte. Wie auch immer: 1980 wurde das traditionsreiche Haus baupolizeilich geschlossen und später abgerissen. Der 1984 feierlich eröffnete neue Friedrichstadtpalast erhielt modernste technische Ausstattung, inklusive Eisbahn und Bassin für Wasserballett. Im Volksmund wurde der orientalisch anmutende Bau scherzhaft als »der neue Basar von Ulan-Bator« genannt; viel später erst wurde bekannt, dass der Entwurf eigentlich ein Kulturhaus für Damaskus werden sollte.

Kaum hatte der neue Stern zu glänzen begonnen, wurden seine Strahlen durch die Wendewirren verdunkelt – das Publikum hatte plötzlich andere Vergnügungen im Sinn und ging neue Wege. Das Ende des größten europäischen Revue-Theaters schien besiegelt. Aber 1993 übernahm Alexander Iljinskij die Intendanz. Er war Chefdramaturg, Pressesprecher und Autor des Hauses, hatte zuvor an der »Ernst Busch«-Schule unterrichtet, Rockbands produziert und anderes mehr. Sein Konzept, in theaterhaften Inszenierungen Elemente der klassischen Glanz- und Ausstattungsrevue mit denen moderner Shows zu verbinden und dazu auch Hightech einzusetzen, ging – und geht – auf.

Das seit 1995 als landeseigene GmbH agierende Haus mit 2000 Plätzen stellt mit 90-prozentiger Auslastung alle anderen Theater Berlins in den Schatten und stieg wieder in die erste Reihe der Revuetheater auf, erwarb sich einen Ruf, der sich mit den Folies Bergère in Paris und dem legendären Sands Hotel oder dem Caesars Palace in Las Vegas messen kann. Hier ist alles möglich, wenn es nur Entertainment ist: Ballett, Gesang, Artistik, Unterwasserballett und Eisrevue sowie schwelgerische Fülle von Bühnenzauber mit endloser Girls-Reihe bis hin zu holografischen Raumbild-Effekten. – Und auch im neuen Friedrichstadtpalast gastieren Stars von Weltruf: Ute Lemper, Udo Lindenberg und Siegfried und Roy beispielsweise. Gelegentlich wird der große Saal auch als Berlinale-Kino genutzt.

Aber nicht nur am westlichen Rand wird die Spandauer Vorstadt von einem einzigartigen (im weitesten Sinne) Theater flankiert; auch die östliche Grenze wird von einem Theater markiert, das nicht weniger berühmt ist als der Friedrichstadtpalast: der Volksbühne.

Grundsätzlich ist anzumerken, dass die Spandauer Vorstadt neben allem anderen auch ein großes Amüsierviertel war mit größeren und kleinen Theatern, Brettel-Bühnen, Kabaretts und Varietés. Das berühmteste war das Viktoria-Theater in der Münzstraße, das jedoch bereits 1891 geschlossen wurde.

Von dem ursprünglich am Bülowplatz, der heute Rosa-Luxemburg-Platz heißt, noch vor dem ersten Weltkrieg errichteten Bau der Freien Volksbühne ist freilich kaum mehr etwas zu erkennen. Den Platz darum, einschließlich des Kinos Babylon, das unter Denkmalschutz steht und noch über eine alte und funktionstüchtige Kino-Orgel verfügt, schuf Hans Poelzig.

Und auch, wenn vom alten Bau der Volksbühne nach Kriegsschäden und Umbauten nicht mehr viel geblieben ist: Dem Hause haftet seit seiner Eröffnung der Stallgeruch des Revolutionären an. Natürlich hieß das in diesem Falle nie Barrikaden auf der Straße; seit der Wende im Osten aber mir aufweckenden Sentenzen in Straße und Gehweg – von Rosa Luxemburg.

Der Lehrer, Prediger und Dichter Bruno Wille hatte 1890 auf einer öffentlichen Versammlung gefordert: »Die Kunst soll dem Volke gehören, nicht aber das Privilegium eines Teiles der Bevölkerung, einer Gesellschaftsklasse sein. Diese Forderung ist alt. Sie ertönte im alten Griechenland und ertönte wieder zur Zeit der Herder, Lessing, Goethe und Schiller. (...) Die ›Freie Volksbühne‹ soll auch das Proletariat auf den Geschmack an wirklich edler Kunst bringen, sie soll ihren Teil beitragen zur Hebung der völkischen Lebensführung ... Wer soll nun in der ›Freien Volksbühne‹ spielen? Nicht Dilettanten, sondern tüchtige Berufsschauspieler ... .«

Diesem Gedanken folgend, wurde die »Freie Volksbühne« gegründet (deren Abonnement-Prinzip sich bis heute erhalten hat) und Wille ihr erster Vorsitzender; die erste Vorstellung fand am 19. Oktober des gleichen Jahres statt, gespielt wurden Ibsens »Stützen der Gesellschaft«. Wille, der wie sein Freund Bölsche in Friedrichshagen lebte, und die Volksbühne wurden zum geistigen Zentrum des neuen Berlin, dessen Kern der »Fried-

Experimentell, provozierend, engagiert: die Volksbühne

richshagener Dichterkreis« war. Aus der Freien Volksbühne ging bald, wieder unter Willes Leitung, dem die sozialdemokratische Ausrichtung nicht behagte, die »Neue Freie Volksbühne« hervor, die sich schnell zu einem mitgliedsstarken Bildungsverein auswuchs – und nach einem eigenen Theater strebte. Im Januar 1909 beschloss der Verein, dafür einen Fonds zu gründen. Am 14. September 1913 wurde am Bülowplatz der Grundstein für ein Schauspielhaus der Volksbühne nach Entwürfen von Oskar Kaufmann gelegt, das am 30. Dezember 1914 feierlich eröffnet wurde. Von 1915 an inszenierte hier Max Reinhardt, bis er ins Große Schauspielhaus zog, und 1924–27 erlebte das Haus unter Erwin Piscator seine Glanzzeit. Politisch engagiertes Theater (Ernst Toller, Friedrich Wolf, Bert Brecht) wurde hier gezeigt und das Agit-Prop-Theater begründet, aber mit der Commedia dell'Arte auch kräftiges Volkstheater gepflegt. Vom Portal des Hauses war weithin zu lesen: Die Kunst dem Volke. Das ließen die Nazis entfernen, die die Volksbühnenvereinigung erst gleichschalteten und später auflösten.

Das im Kriege fast völlig zerstörte Haus wurde 1950–54 stark vereinfacht wieder aufgebaut, der Zuschauerraum von fast 1700 Plätzen auf 800 verkleinert. Die Teilung Berlins führte auch zu einer Spaltung der Volksbühnenbewegung. Sie wurde als Besucherorganisation im Westen neu gegründet; das Ensemble spielte zunächst im Theater am Schiffbauerdamm und zog nach der Rekonstruktion ins Haus am Rosa-Luxemburg-Platz, das mit dem »Theater im 3. Stock« einen zweiten Spielort erhalten hatte. Um 1970 begann unter der Ägide des Schweizer Regisseurs Benno Besson, einem Brecht-Schüler, eine neue Blüte des Hauses. Schauspielerische Glanzleistungen von Angelika Domröse, Ursula Karusseit, Hilmar Thate, Helmut Straßburger, Hermann Beyer, Winfried Glatzeder u. a. waren in Commedia dell'Arte- oder Shakespeare-Inszenierungen sowie in Aufführungen von Stücken Brechts oder Heiner Müllers zu bewundern. Das kraftvoll intelligente Theater stand in erfrischendem Gegensatz zur im Lande verordneten Steifheit und machte die Volksbühne zum beliebtesten Theater Ostberlins. Im »3. Stock« wurde vor allem intelligentes Kammertheater geboten, hier hatten aber auch Liedermacher und Jazzer einen Platz für »unplugged«-Auftritte.

Mit dem Ende der DDR übernahm Frank Castorf die Intendanz des Hauses. Er leitete eine neue Ära ein und zieht bis heute mit sozial engagierten und provokanten, weltweit beachteten Inszenierungen besonders junge Zuschauer ins Haus. Der Rote und der Grüne Salon, die in der Besson-Ära zu Spielstätten geworden waren, führen inzwischen ein Eigenleben als beliebte Veranstaltungsorte. Im Frühjahr 2015 wurde der derzeitige Direktor der Tate Gallery of Modern Art London, Chris Dercon, als designierter Nachfolger für Frank Castorf vorgestellt, dessen Vertrag 2017 ausläuft.

Ach, ja … Hoch oben auf dem Dach des Bühnenhauses, weit über dem Banner für die aktuelle Aufführung, prangen die Buchstaben »OST«. Anfang der 1990er Jahre probierte man am Hause Brechts »Der gute Mensch von Sezuan«. Für diese Inszenierung kreierte ein großes Tabakunternehmen eine neue Zigarettenmarke, die an Haus und Aufführung gebunden war. Der Konzern bewarb damals eine Marke der entgegengesetzten Himmelsrichtung mit skurrilen Plakaten und forderte zum »Test« auf, nun hieß es »Kost'«. Ein pfiffiger Werbegag, mehr nicht, der aber bald sprichwörtlich wurde und inzwischen Markenzeichen der Volksbühne ist, ebenso wie das schreitende Rad auf der ausladenden Wiese davor.

Nun: nach den sprudelnden Fontainen im und um den Friedrichstadtpalast und der regelrecht präsidialen Freifläche vor der Volksbühne (in beiden Häusern empfindet man sich auch so!), wäre noch der Nachweis zu erbringen, dass es in Berlins Spandauer Vorstadt auch anders geht. Denn das tut es in der Tat. Im Schaufenster eines Ladengeschäftes in der Sophienstraße stehen zwei Theaterfiguren: ob Stabpuppen oder Marionetten ist so nicht ersichtlich; ein Plakat zwischen ihnen verrät jedoch, dass sie zu Mozarts »Zauberflöte« gehören: Tamino, der edle Ritter in silbriger Rüstung und unschuldig blau gewandet, daneben die Prinzessin Pamina. Aber das wechselt und so stehen zuweilen vor einem Bienenwabengitter der zum Islam konvertierte Gutsherr Bassa Selim und die versklavte Spanierin Konstanze; noch eine Mozart-Oper: Entführung aus dem Serail.

»Ich konnte nicht anders: ich hab am gleichen Tag Geburtstag wie Carl Schröder«, scherzte Harald Preuß einmal.

Schröder (1904–97), auch Puppen-Schröder genannt, war ein Puppenspieler und -bauer aus Radebeul bei Dresden, der in den 1930er Jahren einen eigenen Stil entwickelte und sich nach 1950 mit Inszenierungen wie »Puppenspiel vom Doktor Faustus« oder »Der Bauer als Millionär« weltweite Achtung erwarb. Ab 1962 arbeitete er für das Fernsehen und 1966–69 leitete er die (Ost-) Berliner Puppenbühne, danach arbeitete er freischaffend in aller Herren Länder.

Wenn das kein Omen ist. »Ich wollte schon immer Puppenspieler werden, mit zwölf habe ich das erste Mal vorgesprochen«, erzählt der aus Ludwigsfelde stammende Preuß und bewundert: »Schröder war ein Künstler in unserem Metier.« Sein Handwerk hat Preuß 1966–70 an der Staatlichen Puppenbühne Dresden gelernt, aber Puppen baut er für seine Bühne nicht selbst, dafür hat er das Ehepaar Weinhold. Nachdem Preuß einige Jahre an verschiedenen Puppentheatern der DDR gespielt hatte und auch viel für das Fernsehen tätig war, machte er sich 1982 zum Freiberufler – und erhielt eben deswegen vom Fernsehen Auftrittsverbot. »Freischaffend durfte ich als Puppenspieler sein, aber nicht mehr in Adlershof. Das Hickhack war grausig, und dabei ging es nur um Firlefanz. Und weil ich nun Unternehmer werden musste, für die Steuer war ich Freiberufler, hab ich gedacht: das wird der Name der Firma.« Die Zulassung als freischaffender Puppenspieler erhielt er am Tag von Breschnews Tod. Fortan tourte er mit seinem One-Man-Unternehmen Firlefanz durchs Land und spielte in (Ost-) Berlin »im Auftrag des Kulturhauses Mitte«, das in der Rosenthaler Straße war. »Als 1986 die Sophienstraße renoviert wurde, schlug eine Bekannte vor, dass da auch ein Puppentheater sein müsste. Das wurde abgewiesen, aber ich bekam dieses Ladengeschäft als Probenraum zugewiesen und spielte dann hier fürs Kreiskulturhaus. In der Wende hab ich die Räume dann selbst übernommen.« Da spielt er nun heute noch, immer allein (also sind nie mehr als drei Marionetten auf der Szene) und tourt, erfolgreich – versteht sich, immer noch durchs Land. Wenn das so ist, gastieren andere in seinem Hause, zum Beispiel Hella Müller, die nicht mit der Schauspielregisseurin gleichen Namens identisch, aber eine weithin anerkannte Puppenspielerin ist. Oder Frieder Simons »Larifari« und das August-Theater Dresden.

Marionetten im Fenster des Theaters »Firlefanz«

Die erste Oper, die Harald Preuß seinen Fingern und über die Strippen den Marionetten beibrachte, war übrigens »Bastien und Bastienne« – und das war Puppen-Schröders große Liebe. Der Faszination des Puppentheaters zu erliegen, ist kein Vorrecht der Kinder. Folglich spielt Harald Preuß in seinem Puppentheater Firlefanz auch für Jung und Alt und Familien: Adaptionen von Mozarts »Zauberflöte« und »Entführung aus dem Serail« – nach Schallplattenaufnahmen, stehen seit vielen Jahren auf dem Spielplan und sind inzwischen zu Klassikern geworden.

Nach den hauptstädtisch gigantischen Theatern mit ihrem Glamour-Feuerwerk und intellektuellen Kobolzen an den Flanken und der eher romantischen Puppenbühne, soll nun die Perle im Herzen der Spandauer Vorstadt vorgestellt werden: Das Monbijou-Theater.

Hinter jeder erfolgreichen Unternehmung steht ein Mann (oder eine Frau) mit einer Vision. Bei der Volksbühne war das in den 1970er Jahren der Schweizer Benno Besson, der den Ruhm mit einer Spielweise begründete und in der Wendezeit dann Frank Castorf, der neue Wege wies; am Friedrichstadtpalast war es Alexander Iljinskij, der das Haus nach der Wende aus der Misere führte und zu dem machte, was es jetzt ist; beim Monbijou-Theater heißt der Impressario Christian Schulz.

Nachdem der Theatermann einige Jahre mit französischen Schauspielern und unter der Regie kroatischer Regisseure in ganz Berlin und auf Tournee unterwegs gewesen war, kam er 1998 zum Hexenkessel-Hoftheater. Das hatte sich in der Wende-Zeit der DDR in der Besetzer-Szene am Prenzlauer Berg gegründet. Schulz nahm die Geschäfte der Hexenkessler in die Hand und führte die Truppe letztlich in den Monbijoupark. Im Frühjahr 2015 trennten sich schließlich die Wege der Hexenkessel-Gründer von Theatervisionär Schulz; seit dem heißt das Unternehmen »Monbijou-Theater«; was auch an das einst am Schloss Monbijou existierende und dem Weltkrieg zum Opfer gefallene Theater erinnern soll. In täglich zwei Vorstellungen wird sommers deftiges Volkstheater geboten, von Goldoni über Moliere bis Shakespeare.

Soweit lexikalisch knapp. Hinter dieser Listung jedoch verbergen sich einige entscheidende Begebenheiten. Die wohl wichtigste war die Entscheidung, nach dem Streunen durch verschiedene Quartiere sich 2008 im Monbijoupark an der Brücke zum Bode-Museum anzusiedeln und auf der dort noch aus Weltkriegszeiten vorhandenen Betonfläche neben dem Hochbunker Theater zu spielen. Zunächst in jährlich wechselnden Dekorationen von experimentellem Charakter. Dem folgte die nächste wegweisende Entscheidung: ein hölzernes Amphitheater zu errichten, ein wenig so wie die steinern klassischen Vorbilder der Antike bekannt sind, in seiner Holzkonstruktion doch auch an Shakespeares Globe-Theatre erinnernd. (Kurz nach der Wende gab es eine entsprechend vergleichbare Spielstätte in den Resten des alten Grand Hotel Esplanade.)

So erscheint also immer im Frühjahr ein Heer dienstbarer Geister und errichtet die halbrunden Zuschauerränge und die Skene, die Tanzfläche an der Spree, den Bar-Tresen und die Pizzabäckerei, auf das einen Sommer lang Heere von Menschen zerstreut, amüsiert, getränkt und gespeist werden und auch selbst das Tangobein schwingen. Der Pizzabäcker scheint sein Handwerk zu verstehen, denn bei ihm laben sich auch Menschen, die nicht ins Theater wollen.

Die Idee, neben dem Theaterangebot auch die Möglichkeit zu schaffen, tanzend selbst zu agieren, entstand mit dem Umzug in den Monbijoupark. Ebenso die einer gemütlichen und einladenden Sommergaststätte.

Nach Spielzeitende im September geschieht dann das gleiche in umgekehrter Reihenfolge: alles abbauen und einlagern. Dann beginnt mit früher Dunkelheit die Zeit der Märchen. Und das ist die dritte entscheidende Begebenheit.

Auf der Suche nach dem idealen Ambiente für Märchen fuhr die Sommer-Theater-Mannschaft 2006 Richtung Osten und fand tief hinten fern in Polen eine leer stehende Holzhütte, ein Blockhaus mit Kamin und Ofenbank, und erwarb es. Brett für Brett, Balken für Balken, Stein für Stein wurde es abgetragen und in Berlin wieder aufgebaut, zunächst in der Auguststraße, da wo heute der Neubau der Stiftung Olbricht steht. Und dort wurden in stilechter Umgebung zum Punsch und Kakao in der Hütte Märchen gespielt.

Es folgte erstens der Umzug des Blockhauses auf das Dach des Bunkers der einstigen Universitätsfrauenklinik, direkt neben der Sommerspielfläche, und zweitens eine weitere Hütte. Sie heißen Jakob und Wilhelm und in beiden werden von November bis Februar Märchen gespielt, tagsüber für Kinder und Familien, nächtens »nur für Erwachsene«.

Impressario Christian Schulz wendet für die zweimal im Jahr fälligen Umbauten und damit verbundenen Restaurierungs- und

Die Märchenhütten des Monbijou-Theaters

Reparaturarbeiten immense Summen auf – aber die Nachfrage gibt ihm recht: es ist nicht leicht, Karten zu ergattern. Und seine nächste Vision? Ein Haus, aus Stein und Holz, um das ganze Jahr über spielen zu können. Max Reinhardt lässt grüßen.

Christian Schulz ist nicht nur Geschäftsführer des Monbijou-Theaters, er ist auch der Pächter und spiritus rector der Legende schlechthin in der Spandauer Vorstadt: Clärchen's Ballhaus.

Es gibt noch zwei weitere Überbleibsel aus der Zeit, da Berlin »uff'n Schwoof« ging. Aber die sind in anderen Revieren und führen ein bescheidenes Dasein hinter den Fassaden der Vorderhäuser. Das war früher auch »Clärchen's« beschieden, so offensichtlich sollte die Möglichkeit der Vergnügung denn doch nicht sein, aber das Vorderhaus fraß der Weltkrieg. Und zum anderen: es war auch während der DDR immer in Familienbesitz.

Im September 1913, damals noch »uff'n Hoff«, eröffnete »Bühlers Ballhaus«, das damals aber schon fast zwanzig Jahre

existierte, als Haus mit zwei Sälen in allem Pomp der Kaiserzeit: einem Tanzsaal mit Gartenveranda im Erdgeschoss und einem noblen Spiegelsaal in der Etage. Nach dem Tod von Fritz Bühler Ende der 1920er Jahre führte seine Frau Clara das Haus weiter, und bald wurde im Volksmund aus Bühlers Ballhaus Clärchen's Ballhaus. Im Kriege zerstörten Bomben das Vorderhaus, das Ballhaus nicht – und so konnte der Betrieb recht bald weitergehen. Hier wurde die alte Tradition gepflegt: selbst als in der Beat-Ära die Jugend in die Diskos zog, wurde hier nachmittags zum »Tanz-Tee« gespielt, bei reger Teilnahme. Daran hat sich auf angenehm wundersame Weise bis heute nichts geändert. Da spürt man, wie »In« altmodisch ist.

Der derzeitige Eigentümer, Hans-Joachim Sander, und die Pächter, Christian Schulz und David Regehr, sind sich darin einig, das Jahrhundertflair zu erhalten. Das Restaurant serviert schmackhafte Gerichte, sommers auch da, wo früher das Vorderhaus war; im Saal wird getanzt bis die Sohle glüht und, wie es sich für ein Ballhaus gehört, werden auch Tanzschulkurse angeboten, aber es gibt daneben auch spezielle Verführungen, beispielsweise von der Gruppe »Gipsy-Restaurant«. Der Spiegelsaal, unverändert wie zu Kaisers Zeiten, ist Location für Kammermusikmatineen, Kleinkunstgastspiele und kann für Feste angemietet werden. Charlotte Rampling, Marilyn Manson, Campino, Brandauer und andere feierten hier, Filmgesellschaften nutzen die Räumlichkeiten alle Nase lang – und man ist auch als ganz normaler Mensch immer willkommen. Zu danken ist das erstens familiärer Beharrlichkeit und zweitens dem Gespür von neuem Eigner und Pächter, die sehr wohl wissen, dass Sanierungen Not tun, aber gerade deswegen alles erhalten wollen, was in ihre Hände gelegt wurde.

Vor hundert Jahren im Hof verborgen, heute Legende:
Clärchens Ballhaus

Unbedingt noch dies: Marion Kiesow hat in ihrem Buch »Berlin tanzt in Clärchens Ballhaus« eine reich bebilderte Kulturgeschichte, nicht nur von Clärchen's vorgelegt!

In den quirligen Hackeschen Höfen ist im ersten Hof das Oxymoron nicht zu übersehen, ein Lounge-Restaurant mit Bar, das in regelmäßigen Abständen seine Gäste abends auch mit Theater erquickt: Krimi-Dinner. Zurecht, wie sich zeigt: das Bedürfnis nach Giftmord zu Roastbeef an Meerrettichschaum ist groß.

In der Etage darüber, nach mehrfachen und langwierigen Renovierungen offeriert das Variete Chamäleon spezielle Unterhaltung, wie zum Beispiel vom »Circus Sonnenstich« mit gekonnten Schauspielereien, Jonglagen, Tanzakrobatik, Gesang und Musik.

Was einst als Festsäle angelegt war, blieb vom Krieg verschont, wurde in der DDR aber als Lager und Probenraum für Theater und Fernsehen genutzt. Wenigstens entging es so Verfall und Verwüstung. Dann zog 1991 das Chamäleon ein, Sanierung und Spielbetrieb wechselten einander ab; aber nun scheint es, als sei alles überkommene Alte an Architektur und Innenausstattung erhalten und der neue Spielbetrieb könne wieder allabendlich leuchtende Augen der Besucher erzeugen.

Ein Kino mit Vorliebe für Originalfassungen gibt es in der obersten Etage.

Etwa in der Mitte der Sophienstraße steht ein weißes Haus mit von rostroten Majolika-Steinen verzierter Doppeldurchfahrt. Über den Bögen der Durchfahrten ist zu lesen: Berliner Handwerker-Verein. Der wurde Mitte das 19. Jahrhunderts gegründet und war eine spezielle Form der damals üblichen Arbeiterbildungsvereine. Er sollte unter anderem Handwerksgesellen auf die Meisterprüfung vorbereiten. Das Vereinshaus entstand Anfang des 20. Jahrhundert und diente außer der Bildung und Schulung auch der Geselligkeit: neben Bibliothek und Kegelbahn gab es auch ein Restaurant mit Biergarten. Der Festsaal im Erdgeschoss und das dazu gehörige Restaurant waren verpachtet worden, unter dem Namen Sophien-Säle; die auch als beliebte Theaterspielstätte dienten. Vor und nach dem Ersten Weltkrieg nutzte die revolutionäre Linke die Räume für Versammlungen, Karl Liebknecht, Rosa Luxemburg und andere sprachen hier. Nach 1945 begann das zweite Leben des Gebäudes: das Maxim-Gorki-Theater nutzte es als Werkstätten.

Das dritte Leben begann 1996 unter dem Namen »Sophiensæle«: Sascha Waltz, Jochen Sandig und Jo Fabian gründeten eine Produktions- und Spielstätte für modernes Tanztheater. Mit ihrem Erfolgsstück »Allee der Kosmonauten« erlangte Sascha Waltz hier Weltruhm – und mit ihr die Sophiensæle. Einige der Räume wurden zwischenzeitlich von Kunstgalerien genutzt, andere sind für nicht-künstlerische Nutzung vermietet. Nach dem Weggang von Sascha Waltz etwas ins Hintertreffen geraten, spielen die Sophiensæle inzwischen wieder in der ersten Liga der Berliner Tanz- und Theaterbühnen.

Gleich neben den nervös vibrierenden Hackeschen Höfen lockt an der Rosenthaler Straße das Café Cinema. Die mit viel Filmequipment und Plakaten ausgestaltete Bar gehört zum Haus Schwarzenberg, der Zugang ist direkt daneben und in der Hofdurchfahrt ist in den Fußboden eine leider viel zu wenig beachtete Bronzeplatte eingelassen. Sie erinnert daran, dass hier einst die Bürsten- und Besenfabrik von Otto Weidt war, der vorwiegend blinde jüdischen Menschen beschäftigte und viele von ihnen vor dem sicheren Tod bewahrte. An ihn erinnert auch das Museum Blindenwerkstatt im Seitenflügel. Dort befindet sich auch, als Teil der Gedenkstätte Deutscher Widerstand, das Museum »Stille Helden«. Im Quergebäude hat seit 2002 das Anne-Frank-Zentrum seine Heimstatt, es entstand in Kooperation mit dem Anne-Frank-Haus in Amsterdam und will besonders Schülern die Welt des von den Nazis ermordeten jüdischen Mädchens und ihr erschütterndes Tagebuch nahe bringen.

Im Gegensatz zu den glamourösen Hackeschen Höfen bröckelt hier der Putz und man fühlt sich wie auf einer Zeitreise. Aber genau das macht den Charme des Hofes aus. Am Ende des kegelbahnartigen Hofes weitet sich dieser, auch hier ist eine Restauration, vor allem aber fauchen und klappern urige metallene Ungetüme mit blinkenden Lämpchen, die sich alle paar Minuten bewegen. Sie gehören zu den Dead Chickens, einer Einrichtung für gezeichnete und solcherart gebaute absonderlich sympathische Comics sowie, wie zur Anfangszeit in den 1980er Jahren in Kreuzberg, mit schrägen musikalischen Performances. Außerdem ist hier auch noch das Kino Central, das sogar als Berlinale-Kino anerkannt ist.

Und schließlich auch noch dies: Vom Oranienburger Tor aus die Oranienburger Straße entlang, nur kurz durch ein paar Wohnhäuser zum Teil neueren Datums, bis hin zum Hackeschen Markt und von da einerseits an den Hackeschen Höfen vorbei die Rosenthaler Straße hinauf zum Rosenthaler Platz und andererseits parallel zur S-Bahn in die Dircksenstraße hinein und natürlich in allen Quer- und Seitenstraßen hat sich eine regelrechte Kneipenmeile entwickelt. Zuweilen wechseln die Namen und Betreiber schneller als man die Speisekarte studieren kann. Verhungert oder verdurstet ist hier aber noch keiner. Man kann in fast jedem Stil und beinahe jeder Preisklasse nach vieler Herren Länder Sitte speisen. Es sollen also im Folgenden nur einige wenige Lokalitäten als Auswahl genannt und damit vorgestellt werden, die für das Quartier typisch sind und auch einen Hauch von Berlin repräsentieren; ergänzend zu den bereits im Zusammenhang mit den Kunstorten genannten Restaurationen.

Allen voran das Grill Royal von Boris Radczun und Stephan Landwehr. Die beiden betreiben auch das mit einem Michelin-

Hof zu den Sophiensaelen

Stern gekrönte Restaurant Pauly Saal in der ehemaligen jüdischen Mädchenschule. Folgerichtig sollte man davon ausgehen, dass das Grill Royal nicht einfach ein Steakhouse ist, wo man eben mal schnell hin geht. Das Haus direkt an der Spree und nahe der Weidendammer Brücke gehört zur ersten Reihe europäischer Gastronomie. Voranmeldezeiten von mehreren Monaten sind nicht unüblich – aber man kann ja auch Glück haben.

Weniger nobel, aber dafür echt berlinisch, oder wie man sich heute so vorstellt, dass es früher gewesen sei, ist es bei »Gambrinus trifft Bacchus«; dafür ist das Lokal im Souterrain des Hauses Krausnick- Ecke Oranienburger ein alter und beliebter Kneipenstandort. Weit ehedem waren hier allerdings die Scharfrichterei und das Hochgericht. Davon ist im Lokal und davor nichts zu spüren: Keine Henkersmahlzeiten also! Im Stil der 1920er Jahre eingerichtet wird hier deutsche Küche geboten – und das Flair von dunnemals; nur Franz Biberkopf kommt nicht mehr.

Ähnlich rustikal ist es, auch im Souterrain, ein paar Häuser weiter. Bei Anna Koschke. Wer ist Anna Koschke? Ganz einfach: sie war die Oma der Gaststättengründerin; kurz nach 1900 aus Pommern nach Berlin gekommen, hier ihr Glück zu finden. Ob sie es fand, sei dahin gestellt – die Enkelin fand es in der Restauration, die sie als Café titulierte. Auch so ein Berliner Unikum: Voraussetzung dafür war einst lediglich, dass tatsächlich Kaffee und mindestens eine Sorte Kuchen angeboten wurde. Ansonsten gab es in den Cafés in Berlin vor allem Schmalzstullen, mit und ohne saure Gurke, Boulette und Bockwurst mit Brot oder Kartoffelsalat – und selbstverständlich Molle mit Korn. Von ein paar unwesentlichen Zutaten abgesehen hat sich die Eignerin an die unumstößlichen Vorgaben gehalten; der jetzige Betreiber führt

Haus Schwarzenberg mit Eingang zum Anne-Franck-Museum

dies fort. Und: Uff'm Hoff is nich Schwoof, sondern Kabarett-Theater, vorwiegend mit Couplets von Claire Waldoff und Otto Reutter – »bei Regen inne Destille!«

Auch das Sophieneck ist eine alte Berliner Kneipenadresse. Mutter Erdmann hatte in der runden Ecke des Hauses vier Tische, bot Solei, Rollmops und Bouletten zum Bier. Und das war völlig ausreichend. Nebenan war einst die Bäckerei Balzer (!), die liefert heute noch die Brötchen. Kein Tourist kommt an dem Haus vorbei, weil es quasi auf dem Präsentierteller liegt, aber auch Berliner kehren hier gelegentlich ein, um in historisierendem Ambiente kräftig deftiger deutscher Küche zuzusprechen und beim Bier auch gelegentlich etwas lauter zu werden.

Trotz auffälliger Fahnen und Schilder neigen viele touristische Streuner dazu, an dieser Restauration vorbei zu gehen: Sophien11. Das ist zwar dem Geschäft nicht all zu zuträglich, gibt dem gemeinen Berliner aber die Chance, auch mal einen Platz zu finden. Angeblich im ältesten Haus der Sophienstraße beheimatet, bietet auch diese Gaststätte hinter Butzenscheiben und in Alt-Berliner Ambiente deutsche Küche in der speziellen und sehr gekonnten Handschrift des Küchenmeisters. Sülze mit Remoulade und Bratkartoffeln sind Pflicht und Eisbein mit Sauerkraut und Erbspüree ist Standard, Boulette mit Brot oder Salat als Nachschlag – und wer einmal probiert hat, kommt wieder! Es gibt ja noch viel mehr zu kosten. Das wäre schon ein Grund; aber der von Ranken an Stellagen überwucherte Hof ist eine Attraktion für sich. Hier hört man nichts von der Metropole, nur die Nachbarn vom Nebentisch. Naja, so kann man schon mal einen Abend vertrödeln.

Eine Attraktion für sich ist auch Hackbarth's Bar; allerdings die jüngste hier im Kiez. Als Anfang der 1990er Jahre Galerien und Künstler in die Auguststraße zogen, eröffnete an der Ecke August- und Joachimstraße auch das Hackbarth's. Statt in den Baustellen der Galerien traf man sich bei Hackbarth's. Das sind

Die Gaststätte »Sophieneck« – früher war hier die Bäckerei Balzer

längst Tempi pasati, aber das Café an der Ecke gibt es immer noch, und mancher erinnert sich gern an die großen Zeiten von damals – mit einer Träne im Knopfloch. Aber wer nach langer Zeit wiedermal hier einkehrt, fühlt sich gleich wieder wohl und angenehm zurück versetzt.

Kaffeehaus heißt auf Hebräisch »Beth-Café«. Und so eines gibt es, als gemeinnützige Einrichtung der Israelitischen Synagogen-Gemeinschaft betrieben, in der Tucholskystraße. Es bietet, außer am Sabbat (Freitag Nachmittag bis Samstag Abend) auch für jedermann koschere Speisen und Getränke an. Humus und Falafel haben sich inzwischen als schmackhaft herum gesprochen, aber wer Gefillte Fisch nur aus der Literatur kennt und auch sonst noch nie israelische oder jüdische Köstlichkeiten probiert hat, sollte es hier tunlichst nachholen.

Vorwärts! Es gibt noch viel zu entdecken …

BIBLIOGRAFIE

Alle Berliner Straßen und Plätze. Von der Gründung bis zur Gegenwart. Herausgegeben von Hans-Jürgen Mende, 4 Bände., Berlin 1998

Architekturführer Berlin von Martin Wörner, Karl-Heinz Hüter, Paul Sigel, Doris Mollenschott mit einer Einleitung von Wolfgang Schäche. Siebte überarbeitete und erweiterte Aufl,, Berlin 2013

Archiv der St. Hedwig-Kliniken

Berliner Adressbücher 1799–1943. Digitalisierung: Zentral- und Landesbibliothek Berlin, 2002:

Neander von Petersheiden, Karl: Anschauliche Tabellen von der gesammten Residenz-Stadt Berlin, worin alle Straßen, Gassen und Plätze in ihrer natürlichen Lage vorgestellt, u. in denenselben alle Gebäude oder Häuser wie auch der Name u. die Geschäfte eines jeden Eigenthümers aufgezeichnet stehen. – Berlin 1799

Neander von Petersheiden, Karl: Neue anschauliche Tabellen von der gesammten Residenz-Stadt Berlin oder Nachweisung aller Eigenthümer: mit ihrem Namen und Geschäfte, wo sie wohnen, die Nummer der Häuser, Strassen und Plätze, wie auch die Wohnungen aller Herren Officiere hiesiger Garnison. – 2. [Aufl.]. – Berlin 1801

Allgemeiner Strassen- und Wohnungs-Anzeiger für die Residenzstadt Berlin auf das Jahr 1812 / hrsg. von S. Sachs. – Berlin 1812

Allgemeiner Namen- und Wohnungs-Anzeiger von den Staatsbeamten, Gelehrten, Künstlern, Kaufleuten, Fabrikanten, Handels- und Gewerbetreibenden, Partikuliers, Rentiers … in der Königl. Preuß. Haupt- und Residenzstadt Berlin für das Jahr 1818 und 1819. Nach alphabet. Ordnung eingerichtet u. Hrsg. Von. C. F. Wegener. Berlin 1818

Haus- und General-Adreßbuch der Königl. Haupt- und Residenzstadt Berlin auf das Jahr 1822. Hrsg. Von C. F. Wegener. Berlin 1822

Allgemeiner Wohnungsanzeiger für Berlin auf das Jahr: enthaltend: die Wohnungsnachweisungen aller öffentlichen Institute und Privat-Unternehmungen, aller Hausbesitzer, Beamteten, Kaufleute, Künstler, Gewerbetreibenden und einen eigenen Hausstand Führenden, in Alphabetischer Ordnung / hrsg. von J. W. Boicke. – Berlin 1823–1854

Allgemeiner Wohnungs-Anzeiger nebst Adress- und Geschäftshandbuch für Berlin, dessen Umgebungen und Charlottenburg auf das Jahr / aus amtl. Quellen zsgest. durch J. A. Bünger. – Berlin 1859–66

Berliner Adreß-Buch für das Jahr ... Hrsg. unter Mitwirkung von H. Schwabe (ab 1881 von W. & S. Loewenthal). – Berlin 1873–1895

Berliner Adressbuch ...: unter Benutzung amtlicher Quellen. – Berlin: Scherl 1896–1943

Das jüdische Berlin heute. Ein Wegweiser von Andrew Roth und Michael Frajman, 2. Aufl., Berlin 2000

Das Scheunenviertel. Spuren eines verlorenen Berlins, Berlin 1994

Deutschkron, Inge: Ich trug den gelben Stern, Köln 1978

Die Bau und Kunstdenkmale in der DDR. Hauptstadt Berlin I, Berlin 1983

Döblin, Alfred: Kleine Schriften, Zürich und Düsseldorf 1990

Eckhardt, Ulrich / Nachama, Andreas: Jüdische Orte in Berlin. Mit Feuilletons von Heinz Knobloch, Berlin 1996

Eloesser, Arthur; Die Straße meiner Jugend. Berliner Skizzen, Berlin 1987

Erler, Gotthard (Hrsg.): Theodor Fontane. »Wie man in Berlin so lebt«. Beobachtungen und Betrachtungen aus der Hauptstadt, Berlin 2000

Festschriften zum 50., 100. und 150. Jubiläum des St. Hedwig-Krankenhauses

Fontane, Theodor: Autobiographische Schriften. Meine Kinderjahre. Von Zwanzig bis Dreissig. Kriegsgefangen. Mit einem Nachwort von Martin Meyer, Zürich 1987

Fräulein Rabbiner Jonas. Kann die Frau das rabbinische Amt bekleiden? Eine Streitschrift von Regina Jonas ediert – kommentiert – eingeleitet von Elisa Klapheck, Teetz 2000

Geisel, Eike: Im Scheunenviertel. Bilder, Texte und Dokumente, 2. Aufl., Berlin 1981

Hauptmann, Gerhart: Das Abenteuer meiner Jugend. Zweites Vierteljahrhundert. Mit einem Nachwort von Manfred Müller-Lauterbach, Berlin und Weimar 1980

Herzgedanken. Das Leben der »deutschen Sappho« von ihr selbst erzählt. Herausgegeben und eingeleitet von Barbara Beuys, Frankfurt a.M. 1981

Hübner, Volker/Oehmig, Christiane: Spandauer Vorstadt in Berlin Mitte. Ein Kunst- und Denkmalführer, Petersberg 2002

Im Jüdischen Leben. Erinnerungen des Berliner Rabbiners Malwin Warschauer. Mit einem Beitrag von seinem Sohn James Walters, einem Vorwort von Heinz Knobloch und einer Einführung von Nicola Galliner, Berlin 1995

Kafka, Franz: Gesammelte Werke in acht Bänden. Herausgegeben von Max Brod, Frankfurt/M. 1975

Klemperer, Victor: Curriculum Vitae, 2 Bände, Berlin 1996

Knobloch, Heinz: Herr Moses in Berlin. Auf den Spuren eines Menschenfreundes, Frankfurt/M.

Landesarchiv Berlin, A Rep. 180, Bd. 13, Bl. 1–6
Landesarchiv Berlin, A Rep. 180, Bd. 15, Bl. 32–45
Landesarchiv Berlin, A Rep. 180, Bd. 15, Bl. 47–58
Landesarchiv Berlin, A Rep. 180, Bd. 142, Bl. 31–48
Landesarchiv Berlin, A Rep. 180, Bd. 142, Bl. 50–61
Landesarchiv Berlin, A Rep. 180, Bd. 142, Bl. 63–67
Lustiger, Arno (Hrsg.): Zum Kampf auf Leben und Tod! Vom Widerstand der Juden 1933–1945, Köln 2002
Mattenklott, Gert (Hrsg.): Jüdisches Städtebild Berlin. Mit einer stadtgeschichtlichen Einführung von Inka Bertz und 27 Fotografien von Wolfgang Feyerabend, Frankfurt a.M. 1997
Meyers Konversations-Lexikon. Zweiter Band. Dritte Auflage, Leipzig 1874
Mori Ogai: Deutschlandtagebuch 1884–1888. Herausgegeben und aus dem Japanischen übersetzt von Heike Schöche, Tübingen 1992
Nachama, Andreas / Simon, Hermann: Jüdische Grabstätten und Friedhöfe in Berlin. Eine Dokumentation. Mit Beiträgen von Alfred Etzold und Heinrich Simon, Berlin 1992
Nicolai, Nicolai: Beschreibung der Königlichen Residenzstadt Berlin und Potsdam (Reprint), Leipzig 1987
Rebiger, Bill: Das jüdische Berlin. Kultur, Religion und Alltag gestern und heute, Berlin 2000
Scheer, Regina: Ahawah. Das vergessene Haus. Spurensuche in der Berliner Auguststraße, Berlin 1993
Sholem, Gershom: Von Berlin nach Jerusalem. Jugenderinnerungen. Aus dem Hebräischen von Michael Brocke und Andrea Schatz, Frankfurt a.M. 1997
Simon, Hermann/Boberg, Jochen (Hrsg): »Tuet auf die Pforten«. Die Neue Synagoge 1866–1995. Begleitbuch zur ständigen Ausstellung der Stiftung »Neue Synagoge – Centrum Judaicum«, Berlin 1995
Simon. Hermann: Das Berliner Jüdische Museum in der Oranienburger Straße. Geschichte einer zerstörten Kulturstätte, Teetz 2000
Steglich, Ulrike / Kratz, Peter: Das falsche Scheunenviertel. Ein Vorstadtverführer, Berlin 1994
Verein Stiftung Scheunenviertel (Hrsg.): Das Scheunenviertel. Spuren eines verlorenen Berlins, Berlin 1994
Weber, Heinrich: Wegweiser durch die wichtigsten technischen Werkstätten der Residenz Berlin 1819–1820 (Reprint), Leipzig 1987

Das Interview mit Schwester Gundhilde fand im Herbst 1995 statt, kurz bevor sie an den Folgen eines Unfalls verstarb. Teile davon wurden auch anderweitig verwendet.

BILDNACHWEIS

Der Verlag bedankt sich für die freundliche Genehmigung zur Reproduktion ihrer Fotografien bei folgenden Personen und Institutionen:

Cover *vorn:* Wolf Abraham, *hinten:* Wolf Abraham (links), Veit Stiller (rechts oben + unten)

Wolf Abraham: 12, 24, 26, 29, 31, 32–33, 36, 41, 43, 44, 48, 49, 108
C. Bechstein Pianofortefabrik AG: 59
Bernd Borchardt: 161
Wolfgang Feyerabend: 6, 10, 20, 38, 52, 57, 65, 66, 69, 70, 75, 78, 80, 87, 91, 92, 100, 102, 104, 106, 134, 184

Det Kempke: 143
Ludger Paffrat: 155
St. Hedwig-Krankenhaus: 126, 132–133
Veit Stiller: 122, 131, 137, 159, 165, 169, 172, 176, 179, 180, 186, 189, 190
Sylvia Thomas-Mundt: 120
Uwe Walter: 140, 145
Mike Wolff: 153
Zosch GbR: 166

Der Verlag hat sich bemüht alle Rechteinhaber ausfindig zu machen. Eventuelle Auslassungen wird der Verlag bei entsprechendem Hinweis gern in einer folgenden Auflage korrigieren.

Monbijoupark

REGISTER

A

Ackerstraße 58
Adass Jisroel 83 f.
Ahawas Scholaum 88
Alexanderplatz 15, 67, 94, 107, 123
Alexanderstraße 61
Almstadtstraße 31, 93, 105 f.
Alte Schönhauser Straße 16, 99
Alter Garnisonfriedhof 26, 28 f., 64, 67
Alter Jüdischer Friedhof 26, 71
Altersversorgungsanstalt der Jüdischen Gemeinde 75
Amalienstraße 95
Anne-Frank-Zentrum 91, 183
Armenfriedhof 10, 17, 26 ff.
Armenhospital 10, 123
Artilleriestraße 83 f.
Auguststraße 11, 17, 19, 24 f., 34, 43, 47 f., 56, 61, 79, 88, 128, 138 f., 142, 144, 149 f., 178, 188

B

b-flat 167
Babelsberger Platz 99
Bäckerei Waltraud Balzer 136 f., 188 f.
Barcomi's Deli 160
Bartelstraße 95
Berliner Ensemble 168
Beth-Café 189, 191
Bundesverband Jüdischer Studierender in Deutschland e.V. (BJSD) 9
Bülowplatz 7 f., 99, 101 f., 107, 171 f.

C

C & K Galerie 156
Café Anthieny 99
Café Cinema 183
Camera Work Contemporary (CWC Gallery) 158
Centrum Judaicum 82, 86
Chamäleon (Varieté) 182
Chausseestraße 72, 110, 112, 116 f.
Clärchen's Ballhaus 179 ff.
CWC Gallery *siehe* Camera Work Contemporary

D

Dead Chickens 185
Der verlassene Raum (Denkmal) 90
Deutsches Theater 168
Dorotheenstädtischer Friedhof 72
Dragonerstraße 8, 103, 106

E

Exerzierstraße 88

F

Friedrichstadtpalast 72, 167 ff., 174, 177
Friedrichstraße 11, 14, 20, 29, 167 f.
Füsilierstraße 95

G

Galerie Berlin (Küttner & Ebert GmbH) 147 f.
Galerie Deschler 146 f.
Galerie Eigen + Art 141, 144, 157
Galerie Kicken Berlin 151 ff.
Galerie Kuckei + Kuckei 151
Galerie Leo.Coppi 149

Galerie Martin Mertens   155 f.
Galerie Michael Fuchs   157
Galerie Neugerriemschneider   150
Gambrinus trifft Bacchus   187
Garnisonfriedhof *siehe* Alter Garnisonfriedhof
Gedenkstätte Stille Helden   91, 183
Georgentor   7, 93
Gipsstraße   17, 25, 30, 38, 83, 88, 90, 124, 163
Grenadierstraße   105 ff.
Grill Royal   185, 187
Große Hamburger Straße   9, 16 f., 21, 23, 27, 39, 63, 68 f., 71, 75 f., 121, 127, 129, 132, 137
Große Landesloge   25
Große Präsidentenstraße   65
Gymnasium zum Grauen Kloster   60

H
Hackbarth's   188
Hackesche Höfe   19, 27, 39, 40 f., 62, 149, 182 f., 185
Hackescher Markt   14 f., 18, 21, 28, 45 f., 55, 72, 82, 95, 185
Haus Schwarzenberg   11, 19, 48, 183, 187
Heidereitergasse   56
Hirtenstraße   8, 18, 38, 93, 98, 105
Hochschule für die Wissenschaft des Judentums   8, 39, 62, 84 ff.
Hospitalstraße   52, 56

I
Invalidenstraße   58
Israelitischer Volkskindergarten   88

J
Joachimstraße   17, 31, 56, 156, 188
Johannisstraße   58, 77
Jüdische Freyschule   74, 76

Jüdische Gemeindeschule   38, 61, 93
Jüdischer Friedhof *siehe* Alter Jüdischer Friedhof
Jüdisches Hospital   73, 86
Jüdisches Krankenhaus   73, 88, 128
Jüdisches Lehrerseminar   61
Jüdisches Museum   8, 86, 88

K
Kaiser-Wilhelm-Straße   42, 97 f.
Kaiserliches Postfuhramt   20, 37 f.
Karl-Liebknecht-Haus   102, 105
Karl-Liebknecht-Straße   42, 93
Kinderheim Ahawah   88
Kino Babylon   42, 101 f., 171
Kleine Alexanderstraße   61, 95, 97, 101
Kleine Auguststraße   17, 88
Kleine Hamburger Straße   16, 19 f., 58
Kleine Rosenthaler Straße   28, 49, 64, 67
Knabenschule der Jüdischen Gemeinde   39, 76
Koblankstraße   95 ff.
Königliches Leihamt   37
Kommandantenstraße   51, 95
Koppenplatz   17, 27 f., 38 f., 61, 90
Kosher Classroom, The   159
Krausnickstraße   17, 35, 68, 86, 121
KULE   11
KW Institute for Contemporary Art (Kunst-Werke Berlin e.V.)   24, 139, 141 f., 144, 151, 159

L
Linienstraße   16, 19, 37 ff., 43 ff., 64 f., 93 ff., 103, 139, 151, 153, 155
Lothringer Straße   85
Lustgarten   42, 52, 89 f.

M

Mädchen-Volksschule der Jüdischen Gemeinde 88
Märchenhütte 178 f.
Max-Beer-Straße 8, 20, 45, 106
Me Collectors Room Berlin/Stiftung Olbricht 142, 159 f., 178
Missing House, The 76, 79
Mogg & Melzer 159
Mogen David 88
Monbijoupark 177 f.
Monbijouplatz 95
Monbijou-Theater 176 f., 179
Moses-Mendelssohn-Gymnasium 76
Mulackstraße 19, 31, 34, 48, 135
Münzstraße 56, 59, 95 f., 98, 171
Museum Blindenwerkstatt Otto Weidt 90 f., 183
Museum The Kennedys 158

N

Neue Promenade 51 ff., 95
Neue Schönhauser Straße 16, 25 f., 34, 40, 56
Neue Synagoge 8 f., 35, 79, 81 f., 121
Neues Theater 101

O

Oranienburger Straße 8 ff., 16, 19 f., 25, 30, 32, 34 f., 38, 48, 60, 62 f., 68, 73, 75, 79, 86, 95, 185
Oxymoron 182

P

Pauly Saal 158 f., 187
Prenzlauer Straße 93
Puppentheater Firlefanz 175 f.

R

Rabbinerseminar 8, 83 f.
Ramones Museum 164 f.

Reform-Synagoge 77, 82
Ressource zur Unterhaltung 10
Ritterstraße 67
Rosa-Luxemburg-Platz 7, 42 f., 94, 101, 103, 171, 173
Rosa-Luxemburg-Straße 16, 42
Rosenstraße 60, 76
Rosenthaler Straße 8, 10, 16, 18, 25, 41, 57, 62, 90 f., 167, 175, 183, 185

S

S-Bahnhof Alexanderplatz 15
S-Bahnhof Hackescher Markt 14, 18
Sammlung Hoffmann 160 ff.
Schloss Monbijou 10, 15 f., 45, 177
Sophie-Gips-Höfe 30, 160, 163
Sophieneck 188 f.
Sophienkirche 9, 15, 21 f., 26, 37, 57, 121
Sophienkirchhof 27, 53 f.
Sophiensaele 30, 183, 185
Sophienstraße 8, 10, 17, 19, 21, 27, 30, 135 f., 163, 174 f., 182, 188
Spandauer Tor 7, 9, 14, 71 f.
St. Adalbert-Kirche 9
St. Elisabeth-Kirche 58
St. Hedwig-Krankenhaus 9, 121 ff.
Steinstraße 19, 31

T

Tacheles, Kunsthaus 48
Theater am Schiffbauerdamm 101, 173
Theater des Centrums 106
Torstraße 11, 16, 37, 45, 83, 85, 146
Tucholskystraße 17, 20, 30, 34, 39, 45, 83 f., 86, 95, 165, 189

U

Umwelt- und Weihnachtsmarkt 10
Universitäts-Frauenklinik 21, 43, 178

Unter den Linden 14, 42, 57, 61, 72, 97

V
Verlorne Straße 93
Volksbühne 42, 45, 99, 100 f., 107, 170 ff., 176
Volkshochschule Mitte 38
Volkskaffeehaus 40, 109 ff.

W
Wallner-Theater-Straße 67
Wassergasse 95

Weidendammer Brücke 14 f., 63, 187
Weinmeisterstraße 99
Wertheim (Warenhaus) 8
Weydingerstraße 95 f., 98, 102
Woga-Komplex 102

Z
Zentralrat der Juden in Deutschland 9, 39
Ziegelstraße 43
Zosch 165 f.
Zwirngraben 18, 51, 95